Julia Schönborn

111 Orte für Kinder in Heidelberg, die man gesehen haben muss

111

emons:

Bibliographische Informationen der Deutschen Nationalbibliothek
Die Deutsche Nationalbibliothek verzeichnet diese Publikation in der Deutschen Nationalbibliografie; detaillierte bibliografische Daten sind im Internet über http://dnb.d-nb.e abrufbar.

MIX
Papier aus verantwortungsvollen Quellen
FSC® C043106

Layout: Editorial Design & Artdirection, Conny Laue, Bochum, nach einem Konzept von Lübbeke | Naumann | Thoben und Nina Schäfer
Kartografie: altancicek.design, www.altancicek.de
Kartenbasisinformationen aus Openstreetmap,

Druck und Bindung: Grafisches Centrum Cuno, Calbe
Printed in Germany 2020
ISBN 978-3-7408-0989-8
Originalausgabe

VORWORT

Heidelberg mit Kindern? Unbedingt! Habe ich immer gesagt, wenn Bekannte mich fragten, ob es in der alten Universitätsstadt auch genug für Kinder zu sehen und zu erleben gibt. Aber 111 Orte ist doch eine ganz gewaltige Ansage. Noch dazu mit jeweils einem weiteren Tipp für die Umgebung. War das realistisch? Ich machte mich auf die Suche – nach allem, was es über das mir Bekannte hinaus noch so Cooles in Heidelberg gibt. Das lief recht gut, meine Lieblingsstadt zeigte sich von ihrer schönsten Seite, und ich dachte, hey, das wird doch was! Dann kam das SARS-CoV-2-Virus. Und mit ihm die Pandemie. Und plötzlich war alles geschlossen, abgesperrt, verlassen – postapokalyptisch war das Wort, das mir zum Straßenbild einfiel.

Dann der zweite Schock: Viele Lieblingsorte waren in Gefahr, den monatelangen Ausnahmezustand nicht zu überleben. Bei anderen waren plötzlich keine Besuche mehr möglich, oder die Veranstaltungen wurden für das Jahr 2020 komplett abgesagt. Mit der veränderten Welt änderte sich auch dieses Buch. Besonders traurig bin ich darüber, das Spielmobil des Kulturfenster e.V. nicht in die erste Auflage dieses Bandes aufnehmen zu können. Es sei an dieser Stelle beispielhaft für die vielen tollen Angebote und Orte, die Heidelberg noch bereithält, genannt.

Heidelberg, du Schöne, Heidelberg, du Kinderfreundliche! Mögest du deinen Optimismus, deine Kreativität, deine Veränderungsbereitschaft noch lange behalten.

111 ORTE

1_DIE 1-EURO-BAHN

Bahn fahren, ohne Bahn zu fahren

Zugegeben, unseren Hauptbahnhof für einen Besuch zu empfehlen kommt mir etwas merkwürdig vor. 1955 wurde der Heidelberger Hauptbahnhof eröffnet, und böse Zungen behaupten, seitdem sei ihm nicht allzu viel Liebe geschenkt worden.

Auf der anderen Seite weist der als Kulturdenkmal geschützte Bau einige Besonderheiten auf. So erlaubt zum Beispiel die verglaste Fußgängerüberführung das regengeschützte Beobachten der an- und abfahrenden Züge, und der Bäcker oberhalb der ersten Gleise lockt ganzjährig mit frischen Laugenbrezeln und anderen Backwaren. Bahn- und reisebegeisterte Kinder kommen spätestens dann auf ihre Kosten, wenn ein ICE in Heidelberg hält und die kleine Bahnhofshalle plötzlich voller Menschen ist.

Ein wenig versteckt zwischen Aufgängen zu den Gleisen und einem Automaten für Passbilder findet sich die wahre Attraktion für die meisten Kinder unter zehn Jahren: Hier ist eine Modelleisenbahn in einem Glaskasten aufgebaut. Unterschiedliche Zugarten fahren nach Einwurf einer 1-Euro-Münze durch die Landschaft, in der es einige liebevoll gestaltete Details zu bestaunen gibt.

Die zehn erkauften Bahnfahrten dauern nicht lang, und die Modelleisenbahn wirkt für uns Große doch arg unspektakulär. Aber auch unsere bereits älteren Kinder freuen sich noch über einen kurzen Besuch bei der Modelleisenbahn. Wer im Anschluss noch genügend Zeit hat, startet mit der Linie 5 direkt vor dem Hauptbahnhof die Rundtour »Heidelberg–Mannheim« (siehe auch Ort 69).

Adresse Hauptbahnhof Heidelberg, Willy-Brandt-Platz 5, 69115 Heidelberg // ÖPNV Straßenbahn 5, 21, 22, 24, 26, Bus 20, 32, 33, 34, 37, 39, Haltestelle Hauptbahnhof // Öffnungszeiten immer // alle Altersstufen

TIPP: Häufige Anlaufstelle nach einer Fahrt oder einem Besuch in der Nähe sind die bunt verzierten Donuts aller Arten beim Dunkin' Donuts im Hauptgebäude.

2 »ALLA HOPP!« IN KIRCHHEIM

Trainingsparcours und Spielplatz für jedes Alter

Was wäre die Region ohne den Stifter Dietmar Hopp? Es klingt ein wenig wie plumpe Werbung, ist aber tatsächlich in voller Dankbarkeit geschrieben. Die Stiftung setzt sich für die Bereiche Sport, Bildung, Soziales und Medizin ein – und bringt mit dem »alla hopp!« einen kostenlosen, gut durchdachten Trainingsparcours mitten in die Städte.

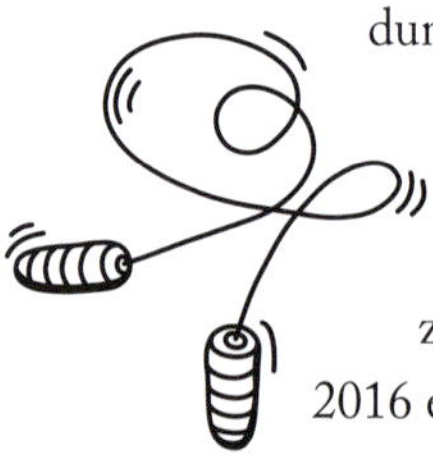

Das mit fast 14.000 Quadratmetern sehr großzügig gestaltete Gelände im Harbigweg wurde 2016 eingeweiht und dient seitdem Kindern und Erwachsenen aller Altersstufen als Sport- und Spielgelände. Eine geschwungene Tartanbahn erlaubt Lauf- und Sprungtraining, während nebenan Kletterfelsen, Rutsche und Kletternetze mit Slacklines auf mutige Kinder warten. In einem gesonderten Bereich stehen Trainingsgeräte aus Metall, an denen mit Hilfe der eigenen Körperkraft die Muskeln trainiert werden können. Besonders schön ist auch die lange Seilbahn, die selbst Erwachsene (bis zu einem gewissen Gewicht) trägt, und das kleine Karussell im hinteren Teil des »alla hopp!«. Ein Mini-Kiosk hält in der warmen Jahreszeit Eis und Kaffee für müde Eltern bereit. Dass sich jemand bei der Anlage ordentlich etwas gedacht hat, zeigen nicht zuletzt die Toiletten und ein kleiner, überdachter Bereich, in dem Babys und Kleinkinder ohne Risiko krabbeln können.

Seit diesem Jahr ist das Gelände nachts nicht mehr zugänglich und wird gelegentlich sogar bewacht. Vandalismus und Einbrüche in den Kiosk sind schuld. Verstehe einer die Menschen, die mit Geschenken nicht vernünftig umzugehen wissen.

TIPP: Kirchheim hat einen schönen Ortskern mit guten Restaurants wie zum Beispiel Zur goldenen Rose, falls nach dem Training alle hungrig sind.

Adresse alla hopp!, Harbigweg 11, 69124 Heidelberg // **ÖPNV** Straßenbahn 26, Haltestelle Messplatz, anschließend circa fünf Minuten Fußweg // **Öffnungszeiten** täglich 8–22 Uhr, kann an Feiertagen abweichen // alle Altersstufen

3_DIE ALPAKAFARM

Unvermutetes Highlight bei Ziegelhausen

»Eine Alpakafarm in Heidelberg, und wir wissen nichts davon? Hin da!«, war mein Gedanke, als ich auf die Alpakafarm Hirtenaue aufmerksam wurde. Also los, auf der schmalen Straße am Neckar nach Ziegelhausen und hoch auf den Berg.

Das Grundstück am Hang sieht schon beim Näherkommen wie ein Alpaka-Paradies aus – schattenwerfende Obstbäume, grasbedeckte Flächen und verschiedene Beschäftigungsmöglichkeiten auf dem Gelände wirken genauso einladend wie die ruhigen, sanften Tiere, die uns ob der Hitze etwas träge entgegenblicken. Bewegung kommt in die Gruppe, als der »Chef der Jungs«, Gargamel, nach vorne kommt und sich mit frischem Gras füttern lässt. Stück für Stück folgen die anderen und lassen sich in voller Schönheit bewundern, kennenlernen, streicheln und beobachten. Ein wundervolles Erlebnis!

Melanie Weigl hat die Farm aufgebaut und kümmert sich liebevoll um die Tiere, um besuchende Kinder und um die Weiterentwicklung der Alpakafarm. Neben Wanderungen und Begegnungen mit den wolligen, freundlichen Tieren macht Melanie Weigl nämlich noch etwas anderes, sehr Wichtiges: Einige der Alpakas werden als Therapietiere eingesetzt. Ihre ruhige Ausstrahlung überträgt sich auf Menschen, die zum Beispiel unter psychischen Störungen leiden. So konnten die Heidelberger Alpakas bereits einigen Menschen helfen.

Wer die Alpakafarm besuchen oder dort einen Kindergeburtstag feiern möchte, kann über die Webseite freie Zeitfenster erfragen. Bitte bei der Anfahrt unbedingt die Wegbeschreibung beachten!

TIPP: Mit einer kleinen, an den Besuch anschließenden Wanderung kann die Pferchelhütte, ein Grillplatz mitten im Wald, erreicht werden.

Adresse Alpakafarm Hirtenaue, Am Pferchelhang, nach Hausnummer 36, 69118 Heidelberg // **Anfahrt** B 37, ab Ziegelhausen Mitte die Peterstaler Straße Richtung Wilhelmsfeld bis zu einer kleinen Fußgängerüberführung, dann rechts ab Richtung Steinbachschule, geradeaus bis Am Pferchelhang, die Alpakafarm liegt hinter dem kleinen Wohngebiet // **Öffnungszeiten** Buchung und Preise unter mail@alpakafarm-hirtenaue.de oder Tel. 0151/46192805 // alle Altersstufen

4_DIE ALTEN WEIDEN

Keine Kinder von Traurigkeit

Auf der Neckarwiese laden sie schon von Weitem dazu ein, sich unter ihre Zweige zu begeben: Direkt am Ufer stehen alte, hohe Weiden, deren Äste den Boden fast berühren. Unter ihnen finden gleich mehrere Familien Platz für ein Picknick. Hier lässt es sich aushalten: mit Blick durch die Blätter auf den nahen Fluss, angelehnt an den mächtigen Stamm, und vielleicht bringt ein leichter Wind die Weiden zum Flüstern …

Wer mit einer Picknickdecke (am besten mit beschichteter Unterseite!) und einem Imbiss vorgesorgt hat, merkt gar nicht, wie hier die Zeit vergeht. Die Kinder können auf der Wiese spielen oder zum nahen Wasserspielplatz flitzen. Viele nutzen auch das sanft abfallende Ufer, um im Neckar zu schwimmen. Allerdings ist die Wasserqualität auch nach den letzten Messungen dafür offiziell noch zu schlecht. Erwachsene auf eigene Verantwortung! Kinder belassen es lieber bei einem kleinen Fußbad. Dabei kann eigentlich nicht viel passieren.

Nach einer alten Volkserzählung trug die Trauerweide übrigens ihre Zweige einmal hoch erhoben. Erst miterlebtes Leid und Schmerz der Menschen führten dazu, dass sie ihre Blätter hängen ließ. Für immer traurig müssen diese stolzen Weiden allerdings nicht sein. Schon ab dem Frühjahr und bis tief in den Herbst hinein sind sie umgeben von Kinderlachen, Gesprächen und Liebespaaren. »Wenn du sie siehst, grüß sie von mir. Sag ihnen, hier sei alles im Lot …«

Adresse Alte Weiden Neckarwiese, etwa auf Höhe der Uferstraße 68, 69120 Heidelberg // ÖPNV Straßenbahn 21, 24, Haltestelle Jahnstraße, danach circa fünf Minuten Fußweg // Öffnungszeiten immer // alle Altersstufen

TIPP: Die Nilgänse, die auf der Neckarwiese wohnen, sind für Kinder ein großer Spaß. Bitte aber auf keinen Fall füttern. Weil die Nilgänse sich immer fröhlicher vermehren, kann ein Verstoß gegen das Fütterungsverbot teuer werden.

5_AM DANTE

Vom Kiosk zum beliebten Kult-Café

Für unsere Weststädter ist es der beliebteste Treffpunkt: der Danteplatz. Studierende, Unternehmerinnen, Väter mit ihren Kindern – alles, was einfach mal aus der Bude rausmuss, sitzt unter den orange leuchtenden Sonnenschirmen direkt neben dem großen, umzäunten Spielplatz. Dieser hat einen wunderbar hohen Baumbestand und einen beinahe ebenso hohen Rutschturm. Fast zu jeder Tageszeit gibt es hier ausreichend Schatten für spielende Kinder und – je nach Temperament – mitturnende oder beobachtende Eltern. Auf dem Spielplatz sind genügend Bänke, um sich vom Boulevard-Café etwas mitzunehmen und sich dort niederzulassen. Durch die unmittelbare Nähe des Cafés können sich Eltern aber auch ruhig unter die Schirme setzen. Zwischen dem ehemaligen Kiosk und dem Spielplatz fahren nämlich nur Fahrräder, und die Erwachsenen sind in Rufweite, wenn es im Boulevard-Café nicht gerade sehr laut und lustig zugeht.

2001 kaufte Inhaber Kaldip Raj den kleinen, unscheinbaren Kiosk in bester Lage. Nach und nach gestaltete er ihn um und baute ihn zum Café aus. Neben typischen Imbissgerichten gibt es indisches Essen und eine gute Auswahl an kühlen Getränken. Gerade im Sommer dauert ein spontanes Treffen am Dante schnell länger. Die Kinder stört es nicht, denn in der Dämmerung spielt es sich noch mal so toll.

Übrigens: Wer sich im Internet über das Café am Danteplatz schlaumachen möchte, findet höchstens Zeitungsartikel und Bewertungen auf Yelp. Da hilft dann wohl nur ein eigener Besuch und ein Selbsttest der Samosas.

TIPP: Die Neue Synagoge in der Häusserstraße ist in fußläufiger Entfernung. Sie bietet kostenfreie Führungen durch das schön gestaltete Haus nach vorheriger Anmeldung an.

Adresse Boulevard-Café und Spielplatz am Danteplatz, Schillerstraße 18/2, 69115 Heidelberg // **ÖPNV** Straßenbahn 23, 24, Haltestelle Christuskirche // **Öffnungszeiten** Mo – Sa 10 – 23 Uhr, So 14.30 – 23 Uhr, Spielplatz durchgehend // alle Altersstufen

6_ DAS AMPELMÄDCHEN

Fußgänger-Verkehrsregelung mit Zöpfen und Rock

Trotz aller Bemühungen, in Heidelberg den Frauenanteil zu erhöhen, gibt es bis heute eine dramatische Unterbesetzung mit dem weiblichen Geschlecht. So ist das gut gelaunte Ampelmädchen mit dem lustigen Zopf an der Rohrbacher Straße das bisher einzige, das es in Heidelberg zu sehen gibt.

Nach der Wende fand das Ampelmännchen, das bis 1990 in den ostdeutschen Bundesländern seinen Dienst tat, auch im Westen Verbreitung. 1996 beschloss der Grafiker Hans-Jürgen Ellenberger, das Ampelmännchen brauche die Unterstützung einer Ampelfrau. Geteilte Arbeit ist schließlich halbe Arbeit.

Dass seitdem die Darstellung des niedlichen Ampelmädchens mit Röckchen und Zopf in ganz Deutschland zu Diskussionen führt, zeigt, wie viel Zeit die Erwachsenen dieser Welt haben – für Unnötiges. Denn nicht nur in Heidelberg ist das Ampelmädchen für alle aufmerksamen Kinder im Straßenverkehr eine kleine Attraktion. Vielleicht gerade deshalb, weil es Seltenheitswert hat. Und natürlich auch, weil die Geschichte um das ost- und westdeutsche Ampelmännchen ein guter Anlass ist, um über unsere eigene Geschichte von Trennung und Wiedervereinigung zu sprechen.

Ein schöner Nebeneffekt eines Besuchs beim Ampelmädchen: Einmal darauf aufmerksam gemacht, suchen die Kinder im Straßenverkehr nach weiteren Ampelmädchen. Und achten so selbstverständlich besser auf die roten Lichter, die ihnen sagen, wann sie nicht über die Straße gehen dürfen.

Adresse Ampelmädchen am Bahnhof Weststadt/Südstadt, Rohrbacher Straße, 69115 Heidelberg // **ÖPNV** Straßenbahn 23, 24, Haltestelle Weststadt/Südstadt, danach circa eine Minute Fußweg // alle Altersstufen

TIPP: Direkt neben dem Bahnhof Weststadt/Südstadt liegt eine kleine, schön angelegte Mountainbikestrecke, die auch für jüngere Kinder geeignet ist.

7_DAS APOTHEKEN-MUSEUM

Einhornjagd und allerlei Kurioses

Wer im Heidelberger Schloss das Apothekenmuseum besucht, entdeckt so manche Kuriosität aus einer anderen Zeit. Neben ziemlich widerlichen Zutaten für alte Medikamente mit einer detaillierten Beschreibung zu allem, was Menschen früher so geglaubt haben, gibt es für Kinder auch einen schön gestalteten Riechtest zu natürlichen Kräutern. Immer wieder führt das Apothekenmuseum Aktionen für Kinder durch, sogar ein Kindergeburtstag wie in Harry Potters Hogwarts ist im Programm.

Doch das Allerschönste ist wohl die kleine Anleitung »Wie man ein Einhorn fängt«. Ganz unscheinbar wartet sie am Sockel einer der Vitrinen auf große und kleine Kinder, die gern nachlesen, was sie sich da an Merkwürdigkeiten anschauen. Mit derartigem Geheimwissen gewappnet, werden die Kinder beim nächsten Waldausflug mit Sicherheit versuchen, eines Einhorns habhaft zu werden. Darauf können sich die Eltern dann schon einmal einstellen.

Wunderbar erklärt ist auch, dass bei der Hokuspokus-Medizin nicht wirklich das Horn eines Einhorns verwendet wurde. Die groß angelegte Einhornjagd der Menschen, so viel ist überliefert, war nämlich nicht von Erfolg gekrönt. Stattdessen fand das Horn eines anderen stark gejagten Erdbewohners seine Verwendung in der altertümlichen Medizin: das Horn des Narwals, ebenfalls ausgestellt im Apothekenmuseum. Zum Glück wissen wir heute mehr über das Horn des Narwals, das in Wirklichkeit ein hochsensibler Zahn ist. Die Tiere stehen unter Naturschutz, Handel ist heute weltweit verboten.

Adresse Schloss Heidelberg, Schlosshof 1, 69117 Heidelberg // ÖPNV Bergbahn ab Kornmarkt, Haltestelle Schloss // Öffnungszeiten täglich 10–17 Uhr // alle Altersstufen, empfohlen ab circa vier Jahren

TIPP: Der Ausblick aus den schmalen Schlossfensterchen im Museum ist grandios. Nicht vor lauter Kuriositäten vorbeigehen!

8_DAS AQUARIUM IM KINO

Eine Vorstellung der besonderen Art

Im Luxor-Filmpalast nahe der Czernybrücke gibt es nicht nur wechselnde Blockbuster zu bestaunen. In der Mitte des mehrstöckigen Kinos steht ein riesiger Wassertank aus Glas wie eine massive Säule. Etwa 450.000 Liter Meerwasser befinden sich darin. Fenster geben Einblicke in seine Mitte, und eine hohe Tribüne an seiner Seite ermöglicht den Wartenden eine erste kleine Vorstellung, noch bevor die Türen ihres Kinosaals sich öffnen. Eine Ablenkung der beruhigenden, entschleunigenden Sorte.

Was macht ein riesengroßes Aquarium in einem Kino?, fragen sich viele. Bei den Luxor-Filmpalästen gehören die großen Aquarien mittlerweile zum Konzept. Ein eigens angestelltes Team kümmert sich um die Exoten, die sie bewohnen. Meist sind es Fische aus privaten Haushalten, die zu groß wurden. Einige der Meerestiere stammen aber auch aus illegalen Importen, die entdeckt wurden. So gibt das Aquarium im Kino Tieren ein Zuhause, die sonst kaum untergebracht werden können. Die Pflege der Meeresbewohner ist anspruchsvoll und erfordert technisch und medizinisch hohe Standards. Kinder, die solche Details spannend finden, lernen noch vor dem Kinofilm einiges über Wasseraufbereitung, spezielle Sichtscheiben, den besonderen Bau des riesigen Aquariums und mehr. Der Anblick der großen Exoten lässt kurzzeitig vergessen, weswegen die Familie im Kino ist. Und dabei verschwindet so manche Popcorntüte, noch bevor die eigentliche Vorstellung beginnt. Hier helfen umsichtiges Popcorn-Management und klare Absprachen.

TIPP: Das benachbarte Metropolis-Restaurant hat gutes Fingerfood und einen kinderfreundlichen Service.

Adresse Luxor-Filmpalast, Eppelheimer Straße 6, 69115 Heidelberg // ÖPNV Straßenbahn 22, Haltestelle Gadamerplatz, von dort aus circa drei Minuten Fußweg – oder mit dem Fahrrad fahren (die Parkgebühren im Kino sind selbst für Heidelberg hoch) // Öffnungszeiten richten sich nach den gezeigten Filmen; die Hotline ist von Mo–Fr 13–23 Uhr besetzt, Sa und So 13–23 Uhr, das Aquarium kann ohne Ticket angeschaut werden // alle Altersstufen

9_DIE AUTOBAHN-ÜBERQUERUNG

Den Reisenden winken

Nachdem ein Laster vor einigen Jahren gegen die alte Brücke bei Eppelheim fuhr, war diese so schwer beschädigt, dass sie komplett erneuert werden musste. Zeitweise war deshalb immer wieder die viel befahrene A5 auf diesem Streckenabschnitt gesperrt. Heute führt eine neue Fußgänger- und Radfahrerbrücke über die Autobahn bei Heidelberg.

Diese Idee für Tage mit so richtig schlechter Laune hat uns schon oft vor Lagerkoller, grundlos mieser Stimmung und Geschwisterstreit bewahrt. Wenn es zu Hause nicht mehr gut auszuhalten ist, Eltern und Kinder keine Lust mehr haben auf den Spielplatz in der Nachbarschaft und auch die Familienkasse mal etwas geschont werden muss: Ab mit den Kindern aufs Fahrrad oder in den Anhänger und die gut erreichbare Fahrradbrücke ansteuern. Oben auf ihr angekommen, gibt es nicht viel Spektakuläres zu sehen. Aber das ändert sich, wenn die ganze Familie anfängt, den unten fahrenden Lkws zu winken. Denn viele reagieren – mit Licht, Hupe oder Zurückwinken. Nicht nur für die Kinder ein großer Spaß, der schnell richtig gute Laune macht. Auf dem Heimweg kann dann noch die coolste Reaktion und die beste Lichtorgel nachbesprochen werden.

Übrigens: Für viele Autofahrende sind Menschen, die auf einer Brücke stehen, etwas gruselig. Daher diese Idee nur am Tag, also nicht in der Dämmerung umsetzen und immer kräftig winken. So ist schon von Weitem erkennbar, dass hier eine Familie steht, die vielleicht etwas Aufmunterung braucht.

TIPP: Von der Radbrücke aus geht es auf gut ausgebauten Radwegen über die Felder, an kleinen Höfen vorbei.

Adresse Autobahnbrücke Eppelheim-Heidelberg, Leonie-Wild-Straße, 69124 Heidelberg // **ÖPNV** Bus 34, Haltestelle Steinhofweg, danach circa fünf Minuten Fußweg // alle Altersstufen

10_DIE BALLOON BOUTIQUE

Ein Vogel? Ein Flugzeug? Es ist ein Ballon!

Früher, die Älteren erinnern sich, gab es auf Kindergeburtstagen ein paar luftgefüllte Ballons, die ein eher trauriges Bild abgaben. Mittlerweile hat die Ballonindustrie gewaltig aufgeholt in Sachen Freizeitspaß-Angebot. Es gibt Ballons in allen Größen und Formen, und es ist nicht mehr unüblich, bei einem 18. Geburtstag Ballons in Form einer Eins und einer Acht zu kaufen, um die Volljährige gebührend zu feiern. Aber auch ein fliegender Elefant macht sich ganz elefantös, wenn der Sechsjährige ihn stolz an einem Bindfaden hält.

In Heidelberg ist ein kleines Ballon-Paradies zu finden, am Anfang der Römerstraße Richtung Rohrbach. Man fährt hin, gibt ein paar Einschreiben auf der Post auf, und dann kauft man ein rosafarbenes, fliegendes Pony. Der Phantasie sind keine Grenzen gesetzt, sofern das Erwünschte mit Helium füllbar ist. An dieser Stelle sollte ich noch den wichtigen Fakt anführen, dass eine Reise in einem Heißluftballon nicht geflogen wird, sondern gefahren – wohingegen ein Luftschiff die Luft durchfliegt. Wer also einen Ballon in der Boutique ergattert, bedient im Grunde einen Hybrid: Die Heliumfüllung spricht für das Luftschiff-Prinzip, wohingegen das bloße Steigungsprinzip ein klares Votum für den Heißluftballon ist.

Die Preise starten im Ballon-Paradies schon bei ein paar Euro, und wenn ein Ballon nicht mehr kann, bekommt er eine Helium-Auffrischung für nur 1,50 Euro. Schneller und günstiger sind Kinderseelen kaum zu erfreuen.

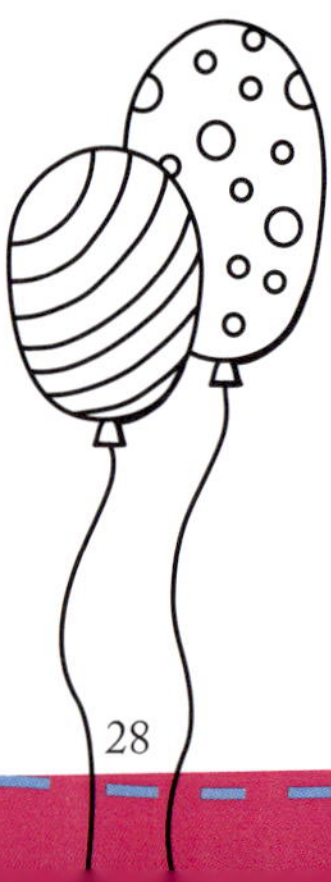

Adresse Balloon Boutique Heidelberg, Hebelstraße 1, 69115 Heidelberg // **ÖPNV** Straßenbahn 26, Haltestelle Rudolf-Diesel-Straße // **Öffnungszeiten** Mo–Fr 10–18 Uhr, Sa 9.30–15 Uhr // alle Altersstufen

TIPP: Der neu gestaltete Spielplatz Feuerbachstraße auf dem Gelände des Mark Twain Village hat schöne, durchdachte Details.

11_DAS BÄREN-SCHAUFENSTER

Wo sich Fuchs und Bär Guten Tag sagen können

Der Heidelberger Zoo darf in den 111 Orten auf keinen Fall fehlen. Die schön gestalteten Anlagen, artgerechten Gehege und die vielen Aktionen für die verschiedensten Altersgruppen machen ihn zu einem Lieblingsort für viele Heidelberger Kinder. Auch die Lage in Neuenheim direkt am Neckar hat klaren Erholungswert. Aber nicht immer reichen Zeit oder Geldbeutel für einen langen Zootag mit der ganzen Familie. Umso schöner, dass der Heidelberger Zoo einen Bereich gestaltet hat, für den keinerlei Eintritt erforderlich ist.

Schon die Pläne von 1972 für die schrittweise Modernisierung des Zoos, der 1934 eröffnet wurde, sahen ein »Schaufenster« zu den Bären vor. Als 2014 noch einmal die Arbeiten begannen, war das Planungsziel, nah an den Vorgaben zu bleiben und trotzdem ein interessantes, tiergerechtes Außengelände mit viel Freilauf für die Füchse und Bären zu schaffen. So entstand direkt vor dem Haupteingang des Zoos ein Freigehege für drei Bären und einige quirlige Korsakfüchse, die sich in ihrer WG scheinbar gut vertragen. Eine großzügige Verglasung, die bereits nach einem nur knietiefen Sockel beginnt, erlaubt das Beobachten der Tiere von außen selbst für ganz kleine Kinder.

Mit etwas Glück erwischt man die Bären beim Spielen. Auch der Wechsel der Bären- und Fuchsfelle von Sommer zu Winter ist für Kinder enorm spannend. Ein schöner Halt bei der nächsten Fahrradtour oder einem längeren Neckarspaziergang!

TIPP: Schräg gegenüber liegt das Piratenschiff des Kinderklinikums. Unbedingt vorbeischauen!

Adresse Zoo Heidelberg, Tiergartenstraße 3, 69120 Heidelberg // **ÖPNV** Bus 31, 37, Haltestelle Zoo/Med. Klinik // **Öffnungszeiten** Zoo täglich 9–19 Uhr, Fenster zum Zoo immer // alle Altersstufen

12_DER BÄREN-TREFF

Pizzagummi, Tortengummi, saure Pommes …

Wenn man die Heidelberger Hauptstraße erkundet, stößt man sicherlich früher oder später auf einen kleinen Laden mit dem klangvollen Namen Bären-Treff. Wer nun glaubt, dies habe mit dem Pustefix-Bären zu tun, wird allerdings enttäuscht, auch wenn der sicherlich gern ab und zu dort vorbeischauen würde. Denn im Bären-Treff sind Fruchtgummis aller Art wie Colaflaschen, saure Gummis, Tortenböden und viele verrückte Mischungen zu finden, die alle eines gemeinsam haben: Sie werden exklusiv für die Marke Bären-Treff hergestellt.

Den Bären-Treff gibt es zwar auch in anderen Städten, aber in der Heidelberger Niederlassung ist er besonders schnuckelig. Die Bedienung ist freundlich und kinderlieb. Und einer kleinen Verkostung einer bisher unbekannten Fruchtgummisorte steht nur ein bisschen Kindermut für die Frage »Darf ich das mal probieren?« im Weg. Mitbringsel für Daheimgebliebene oder Geburtstagskinder allen Alters gibt es natürlich auch. Das sind dann zwar keine echten Heidelberger Spezialitäten wie die berühmten Schneeballen, dafür schmecken die Fruchtgummis aber auch allen, denen man sie mitbringt. Was wir von unseren trockenen Mürbeteig-Schneeballen leider nicht wirklich behaupten können. Außerdem lassen sich die Fruchtgummis toll miteinander teilen. Vegane Variationen gibt es übrigens auch – und ausgefallene Lakritz-Kombinationen!

TIPP: Gerade in diesem Teil der Altstadt gibt es reich verzierte Fassaden. Wer mit den Fruchtgummis in der Hand noch nicht voll ausgelastet ist, schaue einfach mal nach oben, welche Drachen und anderen Fabelwesen sich zum Teil über die obersten Stockwerke schlängeln.

Adresse Bären-Treff, Hauptstraße 144, 69117 Heidelberg // **ÖPNV** Bus 32, 34, Haltestelle Universitätsplatz, danach circa fünf Minuten Fußweg // **Öffnungszeiten** Mo–Fr 9.30–18.30 Uhr, Sa 9.30–18.30 Uhr // alle Altersstufen

13_DER BERGFRIEDHOF

Ruhe und Frieden

Ein Friedhof als Ort für Kinder? Und dann sind sogar gleich zwei davon in diesem Band? Wer sich bei trockenem Wetter aufmacht, den Heidelberger Bergfriedhof zu besuchen, versteht schon beim Eingang, wieso ich ihn in die 111 Orte für Kinder aufgenommen habe.

Alter Baumbestand thront über mächtigen Familiengräbern aus den unterschiedlichsten Gesteinen. Schmale, verschlungene Wege mit vielen Treppen führen in den Wald hinauf und durch die Anlage. Eine wundervolle Ruhe liegt über dem Ort, der so viel an Geschichte vereint. Friedrich Ebert, die demokratische Hoffnung, liegt hier ebenso begraben wie Albert Speer, ein Schrecken der Nazizeit. Und mit ihnen Angehörige der einflussreichen Familien Heidelbergs seit dem Jahr 1844, dem Jahr der Eröffnung. Mit älteren Kindern ist der Besuch des jüdischen Friedhofs empfehlenswert. Dabei tauchen natürlich Fragen auf, die gerade in dieser Atmosphäre des Friedens gut beantwortet werden können. Jüngere Kinder genießen die Bäume, die bewachsenen Gräber und die wundervoll gestalteten Engelsstatuen. Ein bisschen Ausdauer braucht es, um die vielen Stufen des 14,4 Hektar großen Friedhofs abzulaufen. Aber es lohnt sich.

Extra-Tipp für den Friedhofsbesuch: Nicht durch das schmiedeeiserne Tor, den Haupteingang in der Rohrbacher Straße, gehen, sondern etwas weiter oben einen der kleinen Seiteneingänge nehmen, zum Beispiel im Steigerweg oder im Oberen Gaisbergweg. Dann führt ein guter Teil des Weges bergab.

Adresse Bergfriedhof, Steigerweg 20, 69115 Heidelberg // **ÖPNV** Straßenbahn 23, 24, Haltestelle Bergfriedhof // **Öffnungszeiten** tagsüber // alle Altersstufen

TIPP: Wer nach der friedlichen Ruhe noch Waldwege genießen möchte, läuft außen am Friedhof den Steigerweg entlang und folgt dann dem steileren Anstieg in den Wald.

14_DER BIERHELDERHOF

Rinderzucht und Gastronomie in Naherholungsgebiet

Oberhalb Rohrbachs, östlich der Stadt, erstreckt sich zwischen Boxberg und Königstuhl ein Bergkamm. Der Aufstieg zu Fuß, zum Beispiel über die Himmelsleiter 2 (siehe Ort 57), ist nicht unbeschwerlich, aber die Anstrengung währt nur kurz. Schon nach einer halben Stunde ist man im Wald, vorausgesetzt, die Kinder sind schon etwas größer und es muss kein Kinderwagen die Stiegen oder die schmalen Anstiege hochgeschleppt werden. In diesem Fall sind das Auto oder der Bus ab dem Bergfriedhof die bessere Wahl.

Oben angekommen, sollte man unbedingt den Weg über den Bergkamm bis zum Bierhelderhof in Angriff nehmen. Er ist auf der Fußroute gut ausgeschildert und auch für jüngere Kinder zu bewältigen. Am Waldrand öffnet sich den tapferen Wanderern dann ein kleines Hochplateau mit sattgrünen Wiesen und einem Gutshof in der Mitte – der Bierhelderhof. Er verspricht nicht nur Eis, kühle Getränke und Rindfleisch aus eigener Zucht für alle Nicht-Vegetarierinnen, sondern blickt auch auf eine lange Geschichte zurück. Schon 1442 ist der Hof in den Büchern der Stadt vermerkt. In jenem Jahr wurde der Hof nämlich dem Heidelberger Heiligenstift vermacht. Heute ist er schon seit drei Generationen im Besitz der Familie Schumacher. Abgesehen von den Pächtern gibt es dort oben nur tierische Bewohner – Angusrinder, die neben dem Biergarten weiden und hinter dem Gutshaus in ihrem Stall besucht werden können.

Adresse Bierhelderhof, Bierhelderhofweg 1, 69117 Heidelberg // ÖPNV Bus 39, Haltestelle Bierhelderhof/Ehrenfriedhof, von dort ist es noch ein kleiner Fußmarsch // Öffnungszeiten Di–So 11.30–22 Uhr // alle Altersstufen

TIPP: Wer im Biergarten sitzt, hält sich in Heidelberg-Rohrbach auf. Beim Händewaschen aber wechseln die Gäste des Bierhelderhofs das postalische Gebiet. Sie befinden sich nun in der Altstadt!

15_DAS BLÜTENMEER

Im Kirschblütenregen stehen

Neben der Stadtbibliothek und ganz in der Nähe des Einkaufszentrums Carré mit vielen Restaurants und Imbissmöglichkeiten befindet sich das kleine Bergheimer Blütenmeer. In einer Parkanlage mit Spielgeräten stehen mehrere Reihen japanischer Zierkirschen. Im Sommer spenden sie Schatten für alle, die ihre Mittagspause trotz städtischer Arbeitsplätze in der Natur verbringen wollen. Aber ihre eigentliche Zeit ist das Frühjahr, genauer gesagt einige wenige Wochen zwischen Anfang März und Mitte April, je nach Witterung.

Dann blühen die Schönheiten in ihrer ganzen Pracht und leuchten rosa bis zur Kurfürstenanlage, der zweispurigen Straße, die an der Innenstadt entlangführt. Immer wieder sieht man dann Paare und Familien, die die Bäume als Kulisse für ein Fotoshooting nutzen. Ist die Zeit der Blüte fast vorüber, stellen sich Kinder unter die Bäume und warten auf Windstöße, die einen wahren Blütenregen auslösen. Ein großer Spaß, der leider viel zu schnell vorüber ist.

Die Zierkirsche kommt ursprünglich aus Japan. Dort wird jährlich traditionell das berühmte Kirschblütenfest, Hanami, gefeiert. In Deutschland kann man die Kirschblüte leider sehr einfach verpassen. Da aber auch bei uns die blühenden Bäume zu einer der schönsten Attraktionen in Schlossgärten und Parks gehören, gibt es ein »Blühbarometer« der Staatlichen Schlösser und Gärten Baden-Württemberg. Wer hier nachsieht, erwischt bestimmt den richtigen Zeitpunkt.

Und entdeckt ganz nebenbei noch viele weitere Kirschblüten-Ausflugsziele in der Umgebung!

TIPP: Unterschiedliche Spielgeräte und ein kleiner Ententeich befinden sich in unmittelbarer Nähe des Blütenregens.

Adresse Blütenmeer Bergheim, Stadtbücherei-Park, 69115 Heidelberg // ÖPNV Straßenbahn 5, 21, 22, 23, Haltestelle Stadtbücherei, von dort aus eine Minute Fußweg // Öffnungszeiten immer, besonders spannend ab circa Mitte März, Webseite Blühbarometer schloss-schwetzingen.de // alle Altersstufen

16_DIE BONBON MANUFAKTUR

Lollis in allen Geschmacksrichtungen

Die Steingasse führt zur Alten Brücke. In den historischen, teils erhaltenen und teils gut restaurierten Gebäuden finden schmale Geschäfte oder kleine Cafés und Restaurants Platz. Das Wort »pittoresk« scheint für genau solche Straßen erfunden zu sein.

Kinderaugen bleiben hier vor allem an einem Schaufenster auf der linken Seite hängen. Auf weißer Auslage stehen bunte Lollis in allen Größen. Dahinter aber befindet sich die eigentliche Attraktion: ein lang gestreckter Tresen mit metallischen Geräten und großem Arbeitsbereich. Hinter dem Tresen: Jens Meier, Inhaber der Bonbon Manufaktur, farbige Zuckermasse knetend und formend und meist gebannt von Kindern beobachtet. Hier werden nämlich die Lollis und Bonbons nicht nur verkauft, hier werden sie selbst gemacht. Damit ist jedes Stück ein Unikat. Vor sieben Jahren eröffnete Jens Meier die Bonbon Manufaktur – und hat seitdem sowohl ganz klassische Geschmäcker im Programm, als auch ausgefallene Kreationen mit Chili oder Limette. Sogar Salami- und Dönerlollis hat er schon hergestellt und verkauft. Wie die wohl geschmeckt haben?

Um Lollis und Bonbons mit möglichst natürlichen Zutaten und pflanzlichen Farben herzustellen, wird zunächst Zuckersirup aufgekocht. Beim Abkühlen kann die Masse aromatisiert und eingefärbt werden. Dann wird der Zucker »gezogen« und lässt sich im Anschluss wie feste Knete rollen und schneiden. Das können Kinder und Erwachsene unter Jens Meiers Anleitung selbst ausprobieren! Der Inhaber bietet hierfür auch Events an.

TIPP: Im Café Gegendruck, einem selbstverwalteten, antirassistischen und antifaschistischen Projekt in der Fischergasse 2, gibt es sonntags veganes, leckeres Essen zum Selbstkostenpreis.

Adresse Heidelberger Bonbon Manufaktur, Steingasse 4, 69117 Heidelberg // **ÖPNV** Bus 35, Haltestelle Alte Brücke, danach circa drei Minuten Fußweg // **Öffnungszeiten** Do–So 11–18 Uhr // alle Altersstufen, empfohlen ab circa fünf Jahren

17_DER BOTANISCHE GARTEN

Oase mitten im Neuenheimer Feld

Per Zufall bei einem ausgedehnten Spaziergang entdecken ihn wohl die wenigsten: den Botanischen Garten. Zwar ist der Neckar mit seinen Uferwegen ganz nah, aber der Garten befindet sich heute mitten im Areal des betriebsamen Universitätsklinikums, umgeben von hohen Klinikgebäuden, Forschungseinrichtungen und hoffentlich selten besuchten Orten wie der tropenmedizinischen Ambulanz. Nicht unbedingt die besten Bedingungen, um zufällig gefunden zu werden. Dabei war der Garten vor allem anderen da. Gegründet wurde er 1593. Nach insgesamt siebenmaliger Verlegung eröffnete man ihn 1915 an seinem jetzigen Platz. Die Betriebsamkeit der vielen zum Universitätsklinikum gehörenden Einrichtungen wuchs über Jahrzehnte um ihn herum. Da möchte man am liebsten einen der älteren Bäume im Botanischen Garten fragen, wie es ihm mit diesem Näherrücken eigentlich ging.

So hektisch es heute um ihn herum zugeht, so ruhig ist es unter den teilweise exotischen Bäumen selbst. Hier ist es friedlich und still. Bänke erlauben ein Innehalten und Staunen über den Artenreichtum im Garten, der als drittältester Deutschlands schon jahrhundertelang bedrohte Arten vor dem Aussterben schützt und wissenschaftliche Forschung ermöglicht. In seinen Gewächshäusern finden sich Kakteen, Sukkulenten und tropische Farne. Die Grüne Schule betreut das Bildungsangebot des Botanischen Gartens, macht Führungen und veranstaltet Workshops für Kinder.

Adresse Botanischer Garten der Universität Heidelberg, Im Neuenheimer Feld 361, 69120 Heidelberg // ÖPNV Bus 31, 32, 37 Haltestelle Medizinische Klinik // Öffnungszeiten tagsüber // alle Altersstufen

TIPP: Das Café Botanik
in der Zentralmensa hat
einen großen Biergarten
und moderate Preise.

18_DER BRÜCKENAFFE

Wächter über das Tor der Alten Neckarbrücke

»Was thustu mich hie angaffen? Hastu nicht gesehen den alten Affen zu Heydelberg? Sieh dich hin und her. Da findestu wol meines gleichen mehr.« So lautet die Inschrift der Tafel, die neben dem bronzenen Brückenaffen an der Alten Neckarbrücke angebracht ist. Schon im 17. Jahrhundert stand dieses alte Gedicht neben dem ersten Brückenaffen des Turms.

Die heutige Bronzestatue wurde 1979 aufgestellt und ist sehr beliebt. Genau wie die erste Statue, die an dieser Stelle stand, hält der Brückenaffe einen Spiegel, der Vorbeikommende zusammen mit dem Gedicht dazu auffordern soll, den Affen in sich selbst zu sehen. Die von Bildhauer Gernot Rumpf entworfene Bronzestatue hat einen hohlen Kopf und damit genug Platz, um sich auch direkt zum Affen zu machen – was jährlich Tausende von Menschen tun, um davon lustige Bilder zu schießen.

Etwas abergläubisch Veranlagte können dann noch über den Spiegel streichen. Das soll nämlich Wohlstand begünstigen. Wer viele Kinder will, streichelt die Mäuse neben dem Affen. Und wer die Finger seiner rechten Hand berührt, kehrt nach Heidelberg zurück. Das Highlight der meisten Kinder ist allerdings der Penis der Skulptur. Er wird sichtbar, wenn man seitlich in den Brückenaffen schaut. Da hat sich der Bildhauer ganz schön was getraut! Tatsächlich ist das gute Stück des Affen schon längst nicht mehr das Original. Vorwitzige Studierende rückten nämlich dem Affen in der Vergangenheit häufiger mit einer Metallsäge zu Leibe.

TIPP: Von der Brücke aus kann man ebenfalls tolle Fotos machen. Mit der Familie im Vordergrund und dem Schloss im Hintergrund.

Adresse Brückenaffe, Neckarstaden 66, 69117 Heidelberg // **ÖPNV** Bus 35, Haltestelle Alte Brücke, danach circa drei Minuten Fußweg // alle Altersstufen

19_DER BÜCHERBUS

Die wohl literarischste Busfahrt Heidelbergs

»Ein Buch ist wie ein Garten, den man in der Tasche trägt«, lautet ein arabisches Sprichwort. Der Bücherbus ist in dieser Analogie ein ganzer Park voll neuer, unbekannter Gärten. Noch dazu ist er mobil!

Das Angebot der Stadtbücherei Heidelberg richtet sich an alle, die den regelmäßigen Weg zur Bücherei nicht antreten können. Er folgt einem festen, online einsehbaren Fahrplan und führt über 30.000 verschiedene Bücher und Medien für jedes Alter mit sich. Darunter befinden sich aktuelle und gefragte Medien genauso wie All-time-Klassiker. Ausleihen geht ebenso wie vorbestellen, und die Angestellten beraten freundlich und kompetent bei der Auswahl. 15 Regalmeter warten nach Selbstauskunft der Stadtbücherei auf Leseratten aus allen Stadtteilen. Die Ausleihe im Bücherbus ist mit der Büchereicard möglich, die auch direkt im Bus ausgestellt werden kann. Kostenpunkt für Kinder unter 18 Jahren: nix. Erwachsene zahlen eine Jahresgebühr, wenn sie auch Bücher für sich ausleihen wollen. Mit der Eltern-Card lassen sich Medien für die eigenen Kinder ausleihen – und diese gibt es ebenfalls umsonst.

Übrigens: Konservativen Berechnungen zufolge können selbst fleißig Lesende in ihrem Leben im Schnitt maximal 1.000 Bücher lesen. Das sollten dann idealerweise richtig gute Bücher sein. Klare Empfehlung hier: Unbedingt von den Mitarbeitern beraten lassen! Das Leben ist schließlich zu kurz für Bücher, die uns nicht berühren – egal in welchem Alter man ist.

TIPP: Einer der schönsten und wetterfesten Leseplätze in Heidelberg ist das Marstallcafé im Marstallhof 5. Vom Studentenwerk betrieben, ist es zweites Wohnzimmer, Veranstaltungsort und ein hervorragender, kinderfreundlicher Platz für Lieblingslektüren.

Adresse Bücherbus der Stadtbücherei Heidelberg, heute hier, morgen dort, auf den Seiten der Stadtbücherei findet sich, welchen Stadtteil der Bücherbus an welchem Wochentag ansteuert // Öffnungszeiten Mo – Do 14 – 17 Uhr, Fr 13 – 16 Uhr // alle Altersstufen

20_DIE BÜCHERSCHRÄNKE

Kostenlose Lektüre rund um die Uhr

Als ich in Göttingen Literaturwissenschaften studierte, machten wir uns oft über uns selbst lustig. Wir dachten uns Stellenanzeigen aus, die nach »Profileserinnen« suchten, oder erträumten uns Notfälle, zu denen ausschließlich Texter und Textanalysten gerufen wurden. »Lassen Sie mich durch, ich bin Literaturwissenschaftlerin!!« Doch ein öffentliches, jederzeit zugängliches Bücherregal – für jeden erdenklichen Lese-Notfall ausgestattet? Dafür reichte selbst unsere Phantasie nicht.

Noch heute erscheinen mir die seit etwas mehr als zehn Jahren auf städtischem Grund aufgestellten öffentlichen Bücherregale und -schränke wie ein kleines Wunder. Oder die Erfüllung geheimer Wünsche. Abends um zehn keine neue Lektüre? Einmal um die Ecke biegen, zack, versorgt. Ein Klassiker für die Schularbeit am nächsten Morgen fehlt? Es ist gar nicht selten, dass das Gesuchte in einem öffentlichen Bücherschrank wartet. Viel zu viele gute Werke, die ein neues Zuhause suchen? Vielleicht findet sich im nächsten öffentlichen Bücherregal Platz – und schon bald dankbare Abnehmer. In Heidelberg gibt es Regale, die zudem eine beachtliche Auswahl an Spielen vorweisen können. Langweilige sonntägliche Nachmittage ohne Budget sind da überhaupt kein Problem mehr. Viele der öffentlichen Bücherschränke sind übrigens mittlerweile wind- und wettergeschützt. Nass gewordene Bücher und Spiele gehören damit den Anfangszeiten der Bücherregale an.

Adresse Bücherschrank, Dossenheimer Landstraße 6, 69121 Heidelberg (und viele weitere) // **ÖPNV** Straßenbahn 5, 23, 24, Haltestelle Hans-Thoma-Platz, danach circa vier Minuten Fußweg // **Öffnungszeiten** immer // alle Altersstufen

TIPP: Auf dem Foto ist der Bücherschrank in Handschuhsheim bei der Tiefburg. Schräg gegenüber lässt sich im Café Tiefburg die neu gewonnene Lektüre bei einem Getränk sichten.

21_DIE BUNTEN STROMKÄSTEN

Verschönerung des Stadtbilds

Schon etwa 2013 gab es in Heidelberg die ersten bemalten Stromkästen. Die hässlichen grauen, ungepflegten und oft beschmierten Kästen verwandeln sich unter der Hand von Künstlerinnen in echte Hingucker – jeder einzigartig in Motiv und Gestaltung. Da kam bei der Bevölkerung schnell der Wunsch auf, die bemalten Stromkästen mögen sich vermehren!

Im Rahmen des mittlerweile jährlich stattfindenden Metropolink-Festivals gestalteten Street-Art-Künstler vor einer Weile eine ganze Reihe neuer Stromkästen, sodass nun überall in Heidelberg mit etwas Geduld diese kleinen, unvermuteten Kunstwerke zu finden sind. Auf Entdeckungsreise gehen lohnt sich, denn neben Stadtmotiven finden sich abstrakte Malereien, wunderschön bunte Blumen- und Tierdarstellungen sowie Motive mit gesellschaftlichen Themen, die zum Nachdenken anregen. Die Stadtwerke Heidelberg geben die Kästen zum Bemalen offiziell frei. Wer gern in seiner eigenen Nachbarschaft einen Stromkasten verschönern lassen möchte, sollte sich zunächst dort erkundigen.

Das Metropolink-Festival findet übrigens meistens im Sommer statt. Oft werden dabei neu gestaltete Fassaden und Stromkästen eröffnet und gefeiert. Die Atmosphäre erinnert an ein kleines Musikfestival, und Kinder sind jedes Jahr hochwillkommen. Wer nach der Stromkästen-Tour also Feuer gefangen hat, schaut im Netz gleich nach dem nächsten Termin.

Adresse bemalte Stromkästen am Hauptbahnhof, in der Friedensstraße, in der Hardtstraße, am Rand der Altstadt in Richtung Schlierbach, in der Grabengasse, am Adenauerplatz und auf der Kurfürstenanlage – mindestens // Öffnungszeiten Festival-Termine unter www.metropolink-festival.de // alle Altersstufen

TIPP: Die Kinder bei der nächsten Erledigung in der Stadt auf den ersten Stromkasten aufmerksam machen – und dann immer mal wieder gemeinsam auf die Suche gehen. Sollte die Stromkästen-Tour an den Hauptbahnhof führen, unbedingt auch ins Gebäude gehen. Hier ist der Ausgang in Richtung Straßenbahn seit 2020 mit einem riesigen Kunstwerk neu gestaltet worden.

22_DIE BURGENFAHRT

Einmal Tourismus pur, bitte

Zugegeben: Die Schiffe der Weißen Flotte sind echte Touri-Magneten. So wie das Schloss und der Brückenaffe bei der Alten Brücke. Aber ein paar dieser Klassiker müssen einfach in den Band – vor allem wenn sie Kindern so viel Spaß machen! Sechs Schiffe und eine Yacht fahren regelmäßig verschiedene Routen in der Region, darunter Rundfahrten, Themen- und Eventfahrten, gebuchte Ausflüge und die Burgenfahrt. Letztere führt mehrmals am Tag in etwas unter eineinhalb Stunden über das Klosterstift Neuburg und Neckargemünd bis nach Neckarsteinach. Hier lassen sich auf einem ausgedehnten Spaziergang gleich vier eng zusammenstehende Burgen erkunden. Waldwege führen zu den alten Anlagen, von denen nur die Mittelburg noch bewohnt ist. Bevor die Weiße Flotte wieder nach Heidelberg zurückkehrt, ist genügend Zeit für das Neckarufer in Neckarsteinach. Hier macht der Fluss nämlich eine scharfe Kurve um den Dilsberg herum und sieht dabei dankenswerterweise sehr malerisch aus.

Die Weiße Flotte ist mit neuester Antriebstechnologie ausgerüstet und verwendet einen aus Erdgas gewonnenen Kraftstoff, der sauberer verbrennt als Diesel. Auf den Schiffen wird zudem auf regionales und saisonales Essen geachtet. Die Fahrradmitnahme ist begrenzt möglich – am besten vorher erfragen. Das Allerwichtigste bei der Schifffahrt aber ist natürlich das Wasser, wie in dem alten 50-Jahre-Schlager von Richard Germer: »Wasser ist der Hauptbestandteil, und das ist auch nicht verkehrt. Wasser hat sich für die Schifffahrt immerhin ganz gut bewährt.«

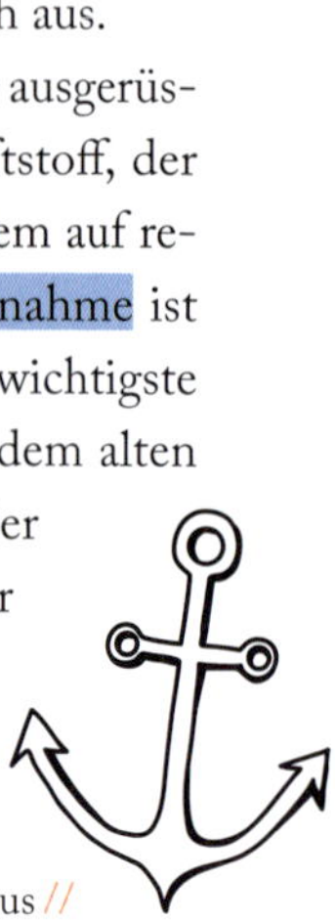

Adresse Weiße Flotte Heidelberg, Neckarstaden 25, 69117 Heidelberg // ÖPNV Bus 31, 32, 35, Haltestelle Kongresshaus // Öffnungszeiten täglich 9–17.30 Uhr // alle Altersstufen

TIPP: Sehr nah am Hafen sind der kleine Montpellierplatz mit Garten sowie das Bootsrestaurant Pier 4. Hier lässt sich bequem auf die Abfahrt der Weißen Flotte warten.

23_ DAS CAFFÈ AUSZEIT

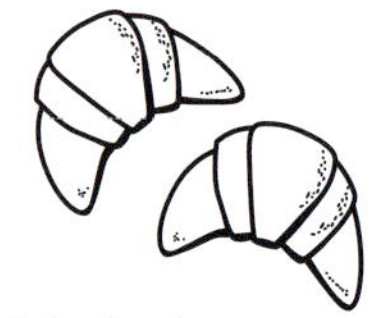

Kleine Pause am belebten Neuenheimer Marktplatz

Neuenheim, der belebte Stadtteil voller Restaurants, Cafés und Einkaufsmöglichkeiten, gehört erst seit 1891 zu Heidelberg und ist eigentlich viel älter als die Stadt selbst. Zu den Zeiten der Römer stand hier ein Kastell, und seit dem 8. Jahrhundert ist Neuenheim als kleines Fischer- und Winzerdorf bekannt. Erst das 19. Jahrhundert brachte die aufstrebende Stadt näher und verband schließlich die urbanen Gebiete südlich des Neckars mit den Dörfern im Norden.

So weit die Geschichte des Stadtteils mit dem irreführenden Namen, hier auch einfach »Neiene« genannt. Für viele ist Neuenheim mit seinen universitären Gebäuden, Villen und Wohnhäusern aus der Gründerzeit *the place to be:* Die Altstadt ist eine Flussbreite entfernt und nervt nicht, die Straßenbahn schließt den Stadtteil gut an, und das Angebot an Ausgehmöglichkeiten ist riesig. Leider ist vieles nicht für kleinere Kinder geeignet. Aber schöne Ausnahmen bestätigen die Regel. Das Caffè Auszeit liegt am Marktplatz, auf dem mittwochs und samstags der Wochenmarkt stattfindet. Die bunten

Gartenstühle und Tische sind so einladend wie die teils vegane Karte voller leckerer Kuchen, Quiches und Croissants. Inhaberin Sonja Lenk achtet auf guten Kaffee von einer regional ansässigen Rösterei und stellt ihren Gästen WLAN, Steckdosen und Abstellmöglichkeiten für den Rechner bereit. So können die Gäste auch ihr Homeoffice mit Kindern mal für eine Weile ins Café verlegen – der Marktplatz bietet genügend Möglichkeiten, nach dem Kuchen noch etwas zu spielen.

TIPP: Am Bürgeramt Neuenheim ist ein kleiner Spielplatz für jüngere Kinder mit Feuerwehrauto, und das öffentliche Bücherregal in Neuenheim ist direkt beim Café.

Adresse Schulzengasse 11, 69120 Heidelberg // ÖPNV Straßenbahn 5, 23, Haltestelle Brückenstraße // Öffnungszeiten Mo–Sa 10–19 Uhr, So 12–19 Uhr // alle Altersstufen

24_CHICKEN ON THE RUN

Hühner in der Bahnstadt

Heinrich IV. war von 1594 bis 1610 König von Frankreich. Von ihm ist unter anderem der Ausspruch überliefert, dass es, solange er lebt, in seinem Land keinen Bauern geben soll, der sonntags kein Huhn im Topf hat.

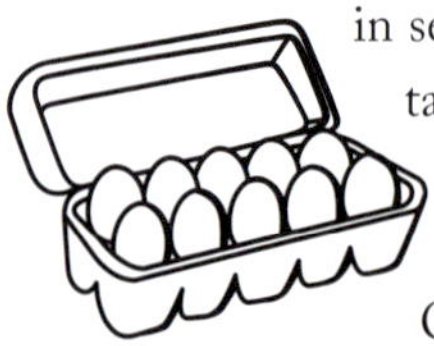

Heinrich wollte damit sagen, dass der allgemeine Lebensstandard gehoben werden müsse. Ob die Planer der Wohnanlage Campus Gardens in der Heidelberger Bahnstadt wohl diesen Zusammenhang von Hühnern und gehobenem Lebensstandard im Kopf hatten? Denn obwohl die Anlage im Grunde genommen ganz schlicht aus 370 kleinen und etwas größeren möblierten Wohnungen für Studierende und Berufsanfänger besteht, so gibt es auch einige sympathische hervorstechende Merkmale, wie beispielsweise einen Community Manager, ein Beachvolleyballfeld – und eben die hauseigenen Hühner. Diese produzieren zwar nur für die Anwohnenden des Campus Gardens Eier, aber sie sind zu besichtigen. Das ist gerade für ganz junge Stadtkinder ein echtes Erlebnis, mitten in der Stadt richtige Hühner zu sehen, die fröhlich vor sich hin gackern und Eier legen. Das Hühnerareal ist für sieben bis zehn Hühner konzipiert.

Das Unternehmen hinter Campus Gardens nennt sein Hühner-Konzept übrigens »Urban Chickening«. Dieser Begriff war 2017 zwar Teil eines Aprilscherzes der Stadt Köln, doch man darf sicher sein, dass die Hühner in Heidelberg echt und lebendig sind.

Adresse Hühnerstall, Darwinstraße 6, 69115 Heidelberg // ÖPNV Straßenbahn 22, 26, Haltestelle Gadamerplatz, danach circa fünf Minuten Fußweg // Öffnungszeiten immer // alle Altersstufen

TIPP: Die Hühner darf man zwar nicht füttern, aber um die Ecke gibt es leckeres Eis für alle Hungrigen.

25_DIE CHOCOLATERIE

Hausgemachte Schokoladenspezialitäten to go

Wer vom Bismarckplatz aus die Hauptstraße hinunterschlendern will, entdeckt gleich zur Rechten die St.-Anna-Gasse. Ein bronzener Zeitungsleser sitzt am Eingang der Gasse auf einer geschwungenen Holzbank und lädt ein, sich zu ihm zu setzen. Die meisten Touristen und Passantinnen stürmen allerdings etwas achtlos vorbei. Gleich zu Beginn der Hauptstraße eine Pause machen scheint angesichts der vielen Sehenswürdigkeiten und Einkaufsmöglichkeiten in Heidelberg verfrüht.

Warum sich ein Stopp absolut lohnt, entdecken die Wachsamen spätestens, wenn sie ihren Blick über die Statue hinweg in die Gasse schweifen lassen. Ein kleines Geschäft mit bordeauxrotem Ladenschild, beleuchtetem Schaufenster und Tischchen vor der Tür lädt ein, näher zu kommen. In der Chocolaterie dann eine Offenbarung aus Zartbitter, Vollmilch und Nougat: Hausgemachte Schokoladenspezialitäten und Besonderheiten aus aller Welt, Schokoladeneis aus eigener Herstellung in ausgefallenen Sorten und eine große Auswahl an Trinkschokolade überwältigen auch geübte Schoko-Junkies. Die Pralinen auf den Etageren gibt es einzeln zu kaufen, und abgerechnet wird mit Hilfe einer alten Ladenkasse – ein echtes Schmuckstück, wie die Chocolaterie selbst. Ehrfürchtig bestaunen Kinder den Laden und können sich oft gar nicht entscheiden, wenn sie sich eine Kleinigkeit aussuchen dürfen. Die Trinkschokoladen gibt es auch to go, und so ausgestattet geht es für ein paar entschleunigte Minuten zurück zum Zeitungsleser auf der Bank. Dieser wird ob der Köstlichkeiten manchmal etwas neidisch – lässt sich aber nichts anmerken.

Adresse Chocolaterie St. Anna No.1, St.-Anna-Gasse 1, 69117 Heidelberg // **ÖPNV** Straßenbahn 5, 21, 22, 23, 26, Bus 29, 31, 33, 34, 35, 39A, Haltestelle Bismarckplatz, von dort aus eine Minute Fußweg // **Öffnungszeiten** Mo–Sa 10–20 Uhr, So 11–20 Uhr // alle schokoladenverliebten Altersstufen

TIPP: Manchmal freuen sich Eltern, zu wissen, wo schokoladenverschmierte Gesichtchen gut abgewaschen werden können: Im nahen Darmstädter Hof ist eine gepflegte kostenpflichtige Toilette mit Wickelmöglichkeit.

26_DAS DEZERNAT#16

Von der alten Feuerwache zur Kreativwirtschaft

Bergheim, der innenstadtnahe westliche Teil Heidelbergs, beherbergte früher Industrie und erfuhr in den letzten 100 Jahren mehrere Wandel. Oft konnten dabei alte Häuserfassaden erhalten werden.

Das heutige DEZERNAT#16 zog 2013 in die alte Feuerwache. Da lagen die letzten Einsätze der Berufsfeuerwehr schon länger zurück, denn das städtische Gebäude war bereits vorher zur Zwischen-

nutzung freigegeben worden. Selbstständige, Künstlerinnen, kleine Unternehmen, Schauspieler, Fotografinnen und viele mehr lösten das Heidelberger Theater ab, das hier während der Umbauphase ein Domizil gefunden hatte. In Eigenleistung und mit Hilfe der Betreibergesellschaft beleben die Mieter die baufälligen, aber sehenswerten Räumlichkeiten. Wo früher Kellerbrände simuliert wurden, finden heute Schlagzeugschulen und Bands Platz. Unter dem Dach ist eine Dunkelkammer mit Ausblick entstanden. Und die Ateliers im Hof – früher Werkzeughallen – laden ein, mit den Künstlerinnen ins Gespräch zu kommen. Für Kinder ist das verwinkelte Gebäude vor allem deshalb spannend, weil es überall etwas zu entdecken gibt: Alte Spinde der Feuerwehr, die von zwei Seiten geöffnet werden konnten. Eine Alarmglocke aus Messing. Die Turnhalle im obersten Stock, deren Boden erhalten wurde. Und nicht zuletzt die Rutschstangen, die zwar aus Sicherheitsgründen nicht mehr durch alle Stockwerke führen, aber einen guten Eindruck vermitteln, wie es war, als die Feuerwehr noch ihre täglichen Einsätze von Bergheim aus fuhr.

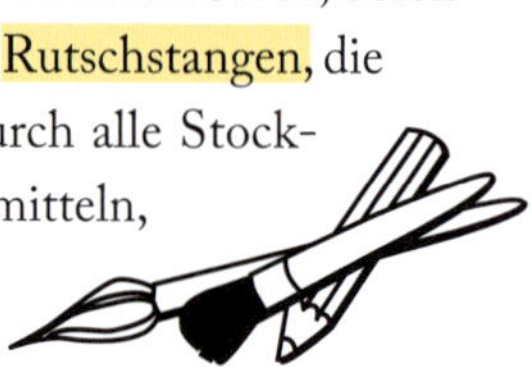

Adresse DEZERNAT#16, Emil-Maier-Str. 16, 69115 Heidelberg, www.dezernat16.de // **ÖPNV** Straßenbahn 21, 24, 26, Haltestelle Betriebshof, von dort circa fünf Minuten Fußweg // **Öffnungszeiten** tagsüber, Tage der offenen Tür, Veranstaltungen und Workshops gibt es auf der Webseite // alle Altersstufen

TIPP: Vom DEZERNAT#16 aus zum Landfried-Komplex laufen. Auf dem Gelände der ehemaligen Zigarrenfabrik finden sich Restaurants und Cafés mit schöner Atmosphäre.

27_DER E-BUS

Moderne Mobilität, umweltfreundlich und bequem

Was viele nicht mehr wissen und eigentlich niemand glauben kann: Heidelberg wurde vor einigen Jahrzehnten als autofreundliche Stadt neu gestaltet. Leider ahnten die Stadtplaner damals wohl nicht, dass Angebot auch Nachfrage schafft und der allgemeine Wohlstand so sehr zunehmen würde, dass nicht ein Auto, sondern zwei Autos pro Familie die Norm werden. Die Stadt, die auf eine gewisse Menge Autos ausgelegt war, platzt heute aus allen Nähten. Bus und Bahn konnten zwar eine gewisse Abhilfe schaffen, doch gerade Busse sind nicht nur ein Komfortgewinn, sondern geben auch Emissionen in Gestalt von Abgasen ab. Da aber glücklicherweise heute nutzbare Alternativen zum Verbrenner vorliegen, nämlich in Form von E-Mobilität und Wasserstofftechnologie, kann sich hier alles Rad für Rad zum Besseren wenden. Denn die Verkehrsgesellschaft der Region, die RNV (Rhein-Neckar-Verkehr), hat 2019 in Heidelberg und Mannheim zwei Pilotprojekte gestartet und E-Busse auf Linienfahrt geschickt. In Heidelberg bedienen drei E-Busse die Linie 20, wobei immer nur zwei gleichzeitig im Einsatz sind, während der dritte aufgeladen wird. Wer also schon heute spüren möchte, wie sich die Zukunft anfühlt, kann das direkt nach der Ankunft in Heidelberg tun – denn die E-Busse verkehren zwischen Hauptbahnhof und Altstadt. Kinder genießen die fast lautlose Fahrt und die bunte Gestaltung der E-Busse. Die kleine Flotte soll sich übrigens schon bald vergrößern.

TIPP: Der ÖPNV in Heidelberg ist mittlerweile, nach etlichen Bau- und Unruhephasen, wieder gut benutzbar. Ein Tagesticket lohnt sich, wenn man die Stadt schnell und ohne Parkplatzsuche erkunden will. Wer am Bismarckplatz in den 31er umsteigt, fährt direkt am Neckar entlang und hat einen tollen Blick auf die Schiffe.

Adresse Bus 20 // ÖPNV Bus 20 // Öffnungszeiten tagsüber zwischen Hauptbahnhof und Altstadt // alle Altersstufen

28_DAS ECKHAUS

Besondere Geschenkideen in bester Lage

In unmittelbarer Nähe zum Universitätsplatz, direkt an einer Straßenecke der berühmten Heidelberger Hauptstraße, liegt das Eckhaus. Ein schnuckeliger, schmaler Laden mit buntestem Schaufenster, kinderfreundlichen Betreibern und ausgefallenen Geschenkideen für Groß und Klein. Der gut bestückte Laden führt bekannte und (noch) unbekannte Marken, die auf Nachhaltigkeit, Fair Trade und Bio-Qualität achten. Stofftiere, Kleidung, Taschen und Accessoires finden sich im Eckhaus ebenso wie die stabilen Trinkflaschen von 24 Bottles oder schöne, plastikfreie Vesperdosen, die ewig halten.

Das für Kinder Faszinierendste sind aber die vielen Kleinigkeiten, die es zu entdecken gibt und die auch schon mit kleinem Taschengeld erreichbar sind: Karten, Schilder, Minipuzzles, Buttons oder Magnete und viele weitere, versteckte Kostbarkeiten, die ein ganz besonderes Geburtstagsgeschenk für die beste Freundin oder ein wunderbares Mitbringsel für den Opa abgeben. Manchmal richtig retro, manchmal am Puls der Zeit und immer liebevoll arrangiert, soll das Eckhaus schon eingefleischte Einkaufsmuffel im anstrengendsten Alter in den Shopping-Bann geschlagen haben.

Egal ob mit bestimmtem Wunsch oder nur mal schnell vorbeigeschaut: Im kleinen Eckhaus kann man stundenlang stöbern und fragen, denn die ausgesuchten Marken haben natürlich alle eine Geschichte. So können Kinder schon früh lernen, dass verantwortungsvoller Konsum und nachhaltige Produktion nicht nur dem Planeten dienen, sondern sehr viel Spaß machen können.

TIPP: Direkt gegenüber liegt das Traditionsgeschäft Käthe Wohlfahrt, in dem das ganze Jahr Weihnachten ist. Das Schaufenster ist einen eigenen Ausflug wert.

Adresse Eckhaus Heidelberg, Hauptstraße 129, 69117 Heidelberg // ÖPNV Bus 30, 31, 32, Haltestelle Universitätsplatz, eine Minute Fußweg // Öffnungszeiten Mo–Sa 11–18 Uhr // alle Altersstufen

29_DER EHRENFRIEDHOF

Heidelberger Geschichte oberhalb der Südstadt

Friedlich geht es auf dem Plateau des Ameisenbuckels, auf dem heute der Ehrenfriedhof liegt, nicht unbedingt zu. Zumindest nicht an schönen Tagen. Dann nämlich lockt die Aussicht Spaziergänger, Joggerinnen und Familien auf die große Aussichtsplattform des Ehrenfriedhofs. Trotz der vergleichsweise geringen Höhe – der Friedhof liegt nur etwa 300 Meter über der Stadt – lässt sich weit in die Ebene schauen.

1933 beschlossen Stadtrat und Bürgerausschuss den Bau des Ehrenfriedhofs für die im Ersten Weltkrieg gefallenen Soldaten, die damals noch im Neuenheimer Feld untergebracht waren. Der Platz oberhalb des Bergfriedhofs schien geeignet für Friedhof und Ehrendenkmal. Nachdem an dieser Stelle der dichte Wald gerodet war, legten Hunderte Arbeiter den Friedhof an. Der überall präsente rote Sandstein wurde direkt vor Ort gewonnen. So wie bei allen Ehren- oder Kultbauten zur Zeit des Nationalsozialismus war auch hier das Tempo der Arbeiten hoch: Schon im Oktober 1934 war der Ehrenfriedhof fertig, und die Gefallenen konnten überführt werden. Überaus traurig: Bei den Toten des Ersten Weltkriegs blieb es nicht. Nur wenige Jahre später wurden hier Gefallene des Zweiten Weltkriegs beerdigt. Was zweifelsfrei beweist, dass das Anlegen eines Ehrenfriedhofs die Menschen kein bisschen klüger macht. Schön ist es da oben bis heute trotzdem, und es gibt nicht nur für Kinder viel Lehrreiches zu entdecken.

TIPP: Betritt man das Gelände des Ehrenfriedhofs, führen linker Hand verschiedene Waldwege entlang. Von dort aus lässt sich über den Kamm bis nach Rohrbach laufen.

Adresse Ehrenfriedhof Heidelberg, 69117 Heidelberg // **ÖPNV** Bus 39, Haltestelle Ehrenfriedhof // **Öffnungszeiten** immer // alle Altersstufen

30_DIE EIDECHSEN

Neue Heimat für geschützte Arten

Als vor einigen Jahren die Umgestaltung des stillgelegten Güter- und Rangierbahnhofs in Heidelberg beginnen sollte, fanden sich an den nicht mehr benutzten Gleisen unerwartete Bewohner. Zaun- und Mauereidechsen lebten dort, wo die Stadt im bis dahin größten Bauprojekt Deutschlands ein neues Quartier entstehen lassen wollte. Diese Eidechsenarten sind stark gefährdet, nicht zuletzt weil sie oft zu den Leidtragenden größerer Bau- und Umgestaltungsmaßnahmen gehören.

Ein Arbeitskreis des NABU begleitete daher in Zusammenarbeit mit der Stadt die Umsiedelung der Eidechsen. Auf alten Bahndämmen nahe der Bahnstadt, die bis nach Rohrbach führen, entstanden Ausgleichsflächen für die große Population. Steinhaufen, Holzbündel, Trockenmauern und befestigte Steinbündel dienen den kleinen Bewohnern als neues Zuhause. Regelmäßig kontrollieren der NABU und die Stadt Heidelberg die verschiedenen Unterschlüpfe. Und nach allem, was wir heute wissen und beobachten können, ist der Umzug der Mauer- und Zauneidechsen geglückt! An sonnigen Tagen sitzen sie an der gesamten Strecke des alten Bahndamms in der Sonne oder rascheln hörbar im Gebüsch.

Wer die wunderschön gezeichneten Eidechsen fotografieren will, braucht etwas Geduld und eine ruhige Hand. Wer mit kleinen Kindern unterwegs ist, eine gute Ausdauer – denn einmal auf die Eidechsen aufmerksam gemacht, laufen die Kinder aufgeregt von Trockenmauer zu Steinhaufen und wieder zurück.

Schon gewusst? Die Stadt Heidelberg hat 2007 für ihr ökologisches Engagement die Auszeichnung »Bundeshauptstadt im Naturschutz« erhalten.

TIPP: Ganz in der Nähe des alten Bahndamms gibt es echt amerikanische Desserts und mehr in Mandy's Diner.

Adresse Ein guter Ausgangspunkt ist die Fahrradbrücke zwischen Bahnstadt und der Abzweigung nach Kirchheim, etwa auf Höhe der Speyerer Straße 14, 69115 Heidelberg, von dort aus führt der Bahndamm bis nach Rohrbach. // ÖPNV Straßenbahn 26, Bus 33, Haltestelle Rudolf-Diesel-Straße // alle Altersstufen

31_DIE EINZIGARTIGE UNTERFÜHRUNG

Kunst kann niemals Irrtum sein

Die jüngste Geschichte der Unterführung am Adenauerplatz ist schreiend komisch. Allerdings war sie das für Künstlerin Marina Volkova nicht immer. Denn nachdem sie im Sommer 2018 die nicht gerade häufig genutzte Fußgängerunterführung mit großformatigen Werken verschönert hatte, wurde sie von zwei Beamten der Heidelberger Polizei auf einen Irrtum aufmerksam gemacht – und meldete sich umgehend bei der Stadt Heidelberg.

Diese hatte nämlich nur eine kleine Unterführung etwa 200 Meter weiter, am Friedrich-Ebert-Platz, für Straßenkunst freigegeben. Die Werke der Künstlerin waren also illegal angebracht und damit ein Fall für die Stadtreinigung. Abfallwirtschaft und Stadtreinigung haben in einem solchen Fall eigentlich eine klare Linie: Überall dort, wo erlaubt, kann Straßenkunst bleiben. Überall anders wird sie umgehend entfernt und Strafanzeige gestellt. Für die Künstlerin hätte das hohe Kosten von mehreren tausend Euro bedeuten können. Zum Glück setzten sich der Erste und Zweite Bürgermeister Heidelbergs für die irrtümlich entstandene Kunst ein, stießen eine Diskussion über den künstlerischen Wert an und fanden schließlich einen Weg, die Unterführung kurzerhand zum Teil des »Metropolink« – des jährlich stattfindenden Festivals für urbane Kunst – zu machen. Abgesehen von dieser wunderbaren Happy-End-Geschichte hat es Marina Volkova geschafft, die unscheinbare und ungern genutzte Unterführung für die Heidelberger Kinder zu einem schönen Ort zu machen. Dafür herzlichen Dank!

TIPP: In der Mitte öffnet sich die Unterführung zum selten besuchten Neptunbrunnen hin.

Adresse Unterführung Adenauerplatz, zwischen Kurfürsten-Anlage und Friedrich-Ebert-Anlage, 69115 Heidelberg // **ÖPNV** Straßenbahn 5, 9, 21, 22, 23, 26 und Bus 29, 32-25, 39, Haltestelle Bismarckplatz, von dort circa vier Minuten Fußweg // alle Altersstufen

32_ DIE E-ROLLER-ALLEE

Schnappen, registrieren, losrollern

Als die neue Verordnung für E-Roller in Kraft trat, waren die Verkehrsbetriebe der Rhein-Neckar-Region vorbereitet: Mit dem Berliner Unternehmen TIER hatten sie sich auf »eine für alle Verkehrsteilnehmer sichere und städtebaulich verträgliche Nutzung der E-Tretroller« geeinigt. Die Stadt aus dem Ländle ging also mit den agilen, start-uppigen Hipstern der Hauptstadt einen Pakt ein. Was dann passierte, ist unglaublich!

Über Nacht poppten türkis-schwarze E-Roller auf. Es war quasi eine Invasion der E-Mobilität im Bereich des Individualverkehrs. Und so schnell wie sie gekommen waren, wurden sie auch ausprobiert. Nur wenige Stunden später waren alle Tretroller erst einmal unterwegs.

Wer einen Roller benutzen möchte, lädt sich die TIER-App herunter und erstellt ein Konto. Nun zeigt die App die nächsten E-Roller an. Nach Einscannen eines Rollers werden ein Euro Gebühr plus 15 Cent pro Minute berechnet. Die Fahrt endet mit dem Abstellen auf einem für die Roller zugelassenen Bereich – in Heidelberg sehr individuell wählbar. Auch die Akkustände sind erfasst, sodass niemand mit einem fast leeren Roller fahren muss. Besonders für eine Fahrt zu empfehlen: die Gaisbergstraße, die vor Kurzem zur Fahrradstraße wurde und die südlichen Stadtteile mit der Altstadt verbindet. Abends sammelt ein Fahrzeug die Roller zum Aufladen und Warten ein. Jugendliche ab 14 Jahren können bereits selbst E-Roller fahren, und auch wenn die anfängliche Euphorie definitiv verflogen ist: Sie erfreuen sich bis heute einiger Beliebtheit.

TIPP: In Heidelberg selbst ist fast alles gut mit einem E-Roller erreichbar. Mit Jugendlichen also eine echte Option für Ausflüge und Shoppingtouren. Achtung: Bitte keine kleineren Kinder auf den Rollern mitnehmen!

Adresse Gaisbergstraße, 69115 Heidelberg, Tretroller fast an jeder Ecke, zu ermitteln und zu benutzen via TIER-App, Infos unter www.vrn.de/mobilitaet/e-tretroller // **ÖPNV** Straßenbahn 5, 21, 22, 23 und Bus 32, 33, 35, 39, Haltestelle Seegarten // ab 14 Jahren

33_ESSBARES HEIDELBERG

Urban Gardening für alle

Die jungen Menschen, so stöhnen die Vereine Deutschlands, engagieren sich nicht mehr. »Wir finden keinen Nachwuchs, keine ehrenamtliche Unterstützung – und überhaupt, was macht eigentlich die Generation Me, abgesehen von Selfies auf Instagram?«

Ich sage es euch nur ungern, liebe Vereine dieses Landes, aber: Es liegt an euch. Wer sich einmal auf der Webseite von Essbares Heidelberg e.V. umsieht, findet nämlich schnell Fotos von jungen Teammitgliedern, die sich im Obst- und Gemüseanbau einsetzen. Vielleicht liegt es am Thema – selbst anbauen ist ein Trend in der Nachhaltigkeitsbewegung –, vielleicht an der sinnvollen Tätigkeit, essbare Gärten in die Mitte der Städte zu bringen. Vielleicht aber auch an der offenen Struktur, denn niemand muss zwingend ein Mitglied des Vereins werden, um mitzugärtnern und mitzuernten. Alle sind willkommen, jeder Beitrag wird wertgeschätzt. So finden auch Arbeitstiere oder viel beschäftigte Familien Möglichkeiten, um sich bei den essbaren Gärten einzubringen.

Die wahrscheinlich bekannteste Fläche des Vereins ist ihr Garten in der Weststadt. Direkt bei der Christuskirche liegen die meist sonntags gemeinsam gepflegten Beete. Sie sind frei zugänglich und ein toller Ort für Stadtkinder, die hier manchmal zum ersten Mal sehen, wie eine Zucchini wächst oder wie Karotten aussehen, wenn nur ihr Grün aus der Erde schaut. Gerade für Hinzugezogene ist das gemeinsame Gärtnern übrigens eine super Möglichkeit, die neue Hood kennenzulernen.

TIPP: Die evangelische Christuskirche Heidelberg direkt gegenüber ist ein imposanter Bau des Historismus und einen Besuch wert.

Adresse Essbares Heidelberg, Garten Weststadt, an der Kreuzung Zähringerstraße/Schillerstraße, 69115 Heidelberg // **ÖPNV** Straßenbahn 23, 24, Haltestelle Christuskirche // **Öffnungszeiten** immer, sonntags begärtnert // alle Altersstufen

34_EULEN FÜR DIE SEELE

Miniatur-Kunst für Eulenfans

Als viele der Texte für dieses Buch entstanden, war Deutschland von massiven Einschränkungen durch die Covid-19-Pandemie betroffen. Es fiel ungeheuer schwer, sich eine Zeit vorzustellen, in der wir alle wieder in Museen gehen, Eis essen oder die Orte in diesem Buch besuchen können. Zum Glück gab es auch in dieser Zeit einiges zu entdecken: Museen, Ausflugsziele und Kulturbetriebe schufen digitale Angebote, und Kunstschaffende fanden Wege, ihre Werke zu den Menschen zu bringen. Einige dieser Menschen und Angebote fanden in den vorliegenden Band. Für mich und meine Kinder waren sie mehr als schöne Ablenkung in einer fordernden und unsicheren Zeit. Sie waren Zeichen, dass alles irgendwie weitergehen wird – Kunst, Freude, Spaß und Miteinander.

@owlS 4soulsHD ist ein sehr kleiner Instagram-Account, dem ich herzlich viele weitere interessierte Menschen wünsche. Wer sich auf Instagram bewegt: Unbedingt folgen! Die Künstlerin stellt aus FIMO, dem knet- und backbaren Kinderklassiker, Miniaturkunstwerke her. Kleine Eulen mit großen Augen entstehen in den buntesten Farben und bevölkern, nachdem die Künstlerin ein Foto gemacht hat, das Stadtbild der Heidelberger Südstadt. Die beiden fotografierten Exemplare fanden wir bei einem Spaziergang auf einer Bahnüberquerung. Farbenfroh leuchteten sie in der Sonne und schauten uns Vorbeigehende aufmunternd an. »Es wird schon alles gut werden«, schienen die nicht einmal daumengroßen Eulen zu sagen. Und Eulen, so viel ist bekannt, sind weise.

Adresse in der Südstadt zu finden, 69126 Heidelberg, @owlS 4souls auf Instagram // www.instagram.de // alle Altersstufen

TIPP: Ein Besuch im IDEE Creativmarkt (siehe Ort 60) sorgt für das nötige Material zum Nachbasteln der großartigen kleinen Kunstwerke.

35_DAS EXPLO

Entdecken, Ausprobieren und Experimentieren

Mit Geknatter setzt sich die riesige Murmelbahn in Bewegung. Dann dauert es eine Weile – die Blicke folgen den Metallschnüren und Zahnrädern, ab und zu geht irgendwo ein Licht an, aber noch fahren die Kugeln nur munter herum. Dann aber stürzt sich eine der metallenen Murmeln in die Tiefe und durchläuft auf ihrer Reise über die Wand zahlreiche Stationen. Und während das größere Kind mit dem Blick gebannt an der Kugel hängt, flitzt das kleinere ab in die restlichen Bereiche der Dauerausstellung in der EXPLO-Halle.

Das EXPLO richtet sich an alle Naturwissenschaft- und Technik-Begeisterten. In den Räumen bieten wechselnde interaktive Ausstellungen jede Menge, was ausprobiert, herumgeschoben, gelernt, unter die Lupe genommen, selbst gebastelt oder in Gang gesetzt werden kann. Ein Workshop-Angebot im Lern- oder im Techniklabor macht Tierwelten erfahrbar oder zeigt, wie Elektronik funktioniert. Darüber hinaus kümmert sich das Team des EXPLO um Fortbildungen für Lehrkräfte, damit diese verschiedene Angebote mit ihren Schulklassen nutzen können. Selbst außen an der EXPLO-Halle gibt es etwas zu entdecken: Optische Täuschungen auf großen Tafeln faszinieren alle Altersstufen. Ein absoluter Lieblingsort in Heidelberg mit einem kleinen Problem: Das EXPLO konkurriert mit Ottern, Seelöwen und Affen. Es liegt auf dem Gelände des Heidelberger Zoos. Versteckt und abseits vom Schuss müssen Familien wissen, was sie suchen, um die spannende Lernlandschaft zu finden.

Adresse EXPLO-Halle, Zoo Heidelberg, Tiergartenstraße 3, 69120 Heidelberg // **ÖPNV** Bus 31, 37, Haltestelle Zoo/Med. Klinik // **Öffnungszeiten** April-Sept. Mo-Sa 10.30–18 Uhr, So und feiertags sowie in den Ferien von Baden-Württemberg 10–18 Uhr, März/Okt. 10.30-17 Uhr, Nov.-Feb. 11-16 Uhr // alle Altersstufen, Eintritt ist im Zooticket enthalten

TIPP: Das Affenhaus ist genau wie das »Tiere live Revier« in unmittelbarer Nähe.

36_DIE FAHRRAD-ZÄHLAMPEL

Zukünftig mehr Platz für das Rad?

Zack! Da springt die grüne Zahl von 903 auf 904. Was ist denn jetzt passiert?

Eine Radfahrerin ist auf der Gaisbergstraße an der schwarzen Zählampel vorbeigefahren und hat damit den Zählmechanismus ausgelöst. Die Station erfasst, dass es sich um ein Fahrrad handelt, und die Anzeige wechselt. Aber wieso eigentlich? Wer hat denn Spaß am Fahrräderzählen?

2012 hat das Ministerium für Verkehr und Infrastruktur in Baden-Württemberg die Stadt Heidelberg als fahrradfreundliche Kommune ausgezeichnet. Als Preis erhielt die Stadt die erste der zwei sichtbaren Zählanlagen – sie steht auf der Ernst-Walz-Brücke. Auch andere Anlagen in der Stadt messen den Radverkehr, allerdings sind diese nicht sichtbar. Auf den schwarzen Säulen mit den grünen Zahlen lässt sich nicht nur der Tageswert ablesen. Eine Art Lichtsäule symbolisiert, wie viele Radfahrende die Stelle im Jahr passieren. Diese Daten dienen der Verkehrsplanung der Stadt. Denn bei anstehenden Entscheidungen und Investitionen kann so gezeigt werden, dass es wichtig ist, dem Radverkehr mehr Platz einzuräumen. Dafür setzt sich in Heidelberg auch der ADFC, der Allgemeine Deutsche Fahrrad-Club, ein. Er sieht, wo die Radwege nicht ausreichen, und hat immer die Sicherheit der jüngeren Fahrradfahrenden im Blick. Dieser Einsatz führt dann zu handfesten Änderungen: Aktuell wurde die Gaisbergstraße zur Fahrradstraße umgestaltet. So können Kinder aus den südlichen Stadtteilen in Zukunft sicherer in die Altstadt fahren – und Eltern das Auto häufiger stehen lassen.

Adresse Fahrradzählampel, vor der Gaisbergstraße 4, 69115 Heidelberg // **ÖPNV** Bus 20, 33, Haltestelle Gaisbergstraße // alle Altersstufen

TIPP: Schräg gegenüber ist der kleine Stadtgarten, dessen Tafel das »S« fehlt. Im »TADTGARTEN« blüht sommers ein insektenfreundlicher grüner Gürtel, und die Wiese ist toll für Ballspiele.

37_DAS FENSTER ZUM THEATER

Einblicke in die Produktion eines Theaterstücks

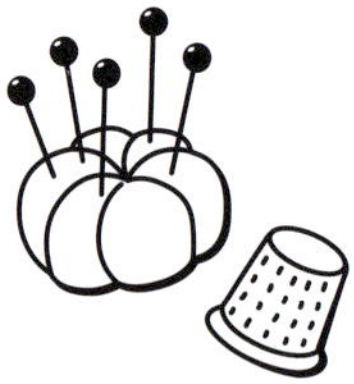

»Die ganze Welt ist eine Bühne«, schrieb der berühmte Dichter William Shakespeare in seinem Stück »As you like it«, »und alle Männer und Frauen lediglich Schauspieler.« Ob die Architektinnen bei der Umgestaltung des Heidelberger Theaters auch an dieses Zitat gedacht haben?

Nach Abschluss der Umbauarbeiten in 2010/2011 präsentierten sie der Öffentlichkeit ein Theater, das sich wortwörtlich in die Karten schauen lässt. Noch besser gesagt: in die Produktion eines Stückes. Großzügige, bodennahe Fenster in der Friedrichstraße öffnen den Blick in die tiefer gelegenen Werkstätten des Theaters: die Schreinerei, die Kostümbildnerei, die Malerwerkstatt. Die Werkstätten liegen auf Höhe der Bühne, um den vielen Menschen hinter den Kulissen optimale Arbeitsbedingungen zu bieten. Nimmt man die ruhige Abzweigung von der Hauptstraße, sieht man nicht selten Schauspieler bei einer ersten Anprobe oder Bühnentechnikerinnen, die für die Wünsche der Regisseure ebenso einfache wie elegante Umsetzungen suchen. Eine drehende Bühne? Wird dort konzipiert. Podeste, die sich einfach verschieben lassen und schnelle Umbauten ermöglichen? Liegen auf den meterlangen Werktischen. An geschäftigen Tagen könnte man stundenlang zuschauen.

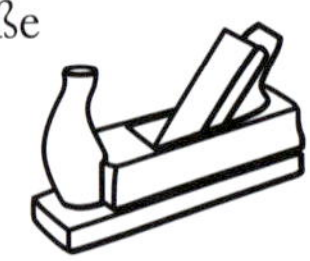

Nicht bekannt ist übrigens, ob sich die Angestellten durch die Fenster auch vorkommen, als wären sie auf einer Bühne. Oder ob sie einfach die lichtdurchfluteten Räume schätzen und sich über uns, die wir uns die Nasen an den Scheiben platt drücken, wenig Gedanken machen.

TIPP: Günstig und gut indisch essen kann man im eine Gehminute entfernten Raja Rani.

Adresse Fenster zur Werkstatt des Theaters, Friedrichstraße 2–4, 69117 Heidelberg // **ÖPNV** Bus 31, 33, Haltestelle Friedrich-Ebert-Platz, von da circa fünf Minuten Fußweg // alle Altersstufen

38_DER FEUERWEHR-SPIELPLATZ

»Einsatz! Ganzer Löschzug rückt aus!«

Einer der aufregendsten Spielplätze in Heidelberg ist der Feuerwehrspielplatz direkt neben der Berufsfeuerwehr. Er ist mit den Fahrrädern aus dem Süden der Stadt ebenso gut zu erreichen wie aus den westlichen Stadtteilen Pfaffengrund und Wieblingen, denn die Radwege sind hier gut ausgebaut und führen nur selten an stärker befahrenen Straßen entlang.

Direkt neben der Überführung zwischen der Bahnstadt und dem Radweg nach Kirchheim/Rohrbach leuchtet es plötzlich rot durch die Büsche: Ein prachtvolles Drehleiterfahrzeug steht dort im Sand und wartet darauf, bespielt und beklettert zu werden. Direkt dahinter: der futuristische Neubau der Heidelberger Berufsfeuerwehr. Auf der dunklen Fahrzeughalle befindet sich ein weit ausragendes Obergeschoss, das aussieht, als hätte ein überdimensionales Drehleiterfahrzeug bereits angefangen, seine Ausziehleiter zu positionieren. Vor dieser Kulisse lässt es sich herrlich toben, das Führerhäuschen erobern und die Glocke zum Einsatz läuten, während die Eltern sich auf den Holzbänken erholen – sofern sie nicht gerade die von einem nahen Feuer bedrohten Menschen und Tiere spielen müssen. Manchmal durchbricht plötzlich eine Sirene die Spielplatzidylle, und die Kinder können von ihrer einmaligen Aussichtsplattform auf dem Feuerwehrfahrzeug beobachten, wie die echte Feuerwehr ausrückt, um irgendwo in der Region den Tag zu retten. Für vom Spielen müde Eltern gibt es direkt um die Ecke einen feinen Kaffee und leckere Kleinigkeiten im toll renovierten Stellwerk.

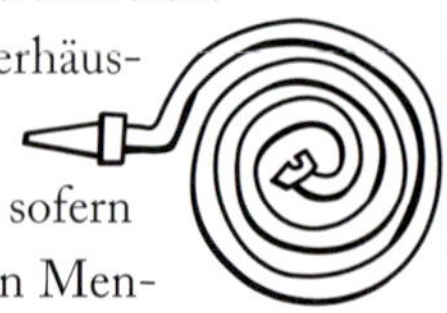

TIPP: Direkt gegenüber liegt das Fontänenfeld auf der Schwetzinger Terrasse, das seit seinem Bau 2013 ein absoluter Kindermagnet ist.

Adresse Feuerwehr-Spielplatz, Schwetzinger Terrasse, 69115 Heidelberg // **ÖPNV** Straßenbahn 22, 26, Haltestelle Hauptbahnhof Süd, dann circa sechs Minuten Fußweg // **Öffnungszeiten** immer // alle Altersstufen, bis zum Alter von circa zwölf Jahren beliebt

39_DIE FILZEREI

Handarbeit in fröhlich-bunter Umgebung

Eines der schönsten Ateliers im DEZERNAT#16 (siehe Ort 26) ist bei Kindern viel bekannter als bei Erwachsenen. Dabei ist Filzen eigentlich für alle Altersstufen geeignet. Davon ist zumindest Stephanie Selke überzeugt. Mit ihrer Filzerei ist sie seit vielen Jahren Anlaufstelle für alle, die in Sachen Handarbeit mal etwas anderes mit Wolle anstellen möchten, als zu stricken oder zu häkeln.

An schönen Tagen steht der Tisch für den Kindergeburtstag oder den Workshop draußen im Hof. Dann wird das schattige Plätzchen vor dem Atelier genutzt, um nach Herzenslust zu seifen und zu platschen. Um aus Wolle alles Mögliche herzustellen – von kleinen Dekoartikeln über Taschen für das Smartphone bis hin zur Designerhülle für den Lieblingsstift –, muss sie nämlich erst einmal verfilzt werden. Und das macht man mit Seife und Wasser. Dabei geht natürlich auch etwas Wasser daneben, was großen Spaß am Tun verspricht. Trotzdem liegt eine fast andächtige, konzentrierte Ruhe über den Teilnehmenden. Filzen hat etwas Meditatives, so scheint es. Erst bei der Weiterverarbeitung wird es wieder lauter, wenn Stephanie Selke einen Arbeitsschritt mehrfach erklären soll oder die entstehenden Stücke verglichen werden. Wer nach dem Workshop dann so richtig Feuer gefangen hat, kann sich im Atelier umschauen, was noch alles aus Filz entsteht. Vielleicht regt auch eine ausgedehnte Pause auf dem Sofa unter der quer durchs Atelier verlaufenden Holzbrücke die Kreativität an, was vielleicht beim nächsten Besuch in der Filzerei gestaltet werden könnte.

TIPP: Im Café Leitstelle gibt es guten Kaffee und WLAN via Freifunk. So lassen sich Wartezeiten auf filzende Kinder direkt vor Ort nutzen.

Adresse Die Filzerei, Steph Selke, Czernyring 3, 69115 Heidelberg // **ÖPNV** Straßenbahn 26, Haltestelle Czernybrücke // **Öffnungszeiten** Termine, Zeiten und Preise via www.diefilzerei-naturpur.com // alle Altersstufen, empfohlen ab circa fünf Jahren

40_DAS FONTÄNENFELD

Kleine Erfrischung gefällig?

Manchmal, so wissen wir Eltern, muss es einfach Wasser sein. Wasser hat etwas Meditatives, etwas Beruhigendes und Erfrischendes. Ein Stuhl an die Spüle in der Küche gestellt, dem Kind zwei Plastikbecher überlassen, und es beschäftigt sich eine ganze Weile mit dem Element Wasser. Ja, danach muss sowohl das Kind umgezogen als auch die Küche trockengelegt werden, aber was soll's.

Noch besser als die heimische Spüle ist natürlich die Lieferung von Wasserfontänen frei Haus. Auf der Schwetzinger Terrasse in der Bahnstadt genießen Eltern ihre quietschenden, in den kleinen Wasserfontänen spielenden Kinder und freuen sich gleichzeitig, dass es der öffentliche Boden ist und nicht die eigene Küche. Danach sind alle patschnass, aber glücklich, und Bänke zum In-der-Sonne-trocknen-Lassen sind auch nicht weit.

Weil die Anlage seit 2013 zwar allseits für großes Vergnügen sorgte, aber wegen Kalkablagerungen ab 2016 immer wieder vorübergehend geschlossen werden musste – es bildete sich eine rutschige Oberfläche, auf der das Spielen einfach nicht mehr sicher war –, ergriff die Stadt Heidelberg Maßnahmen. Nun sorgt eine unterirdische Wasseraufbereitungsanlage dafür, dass das Wasser erst umweltfreundlich gereinigt wird, bevor es in den Brunnenkreislauf gelangt. Spätestens am Nachmittag zieht das Fontänenfeld ganze Familien an, und es finden spontane Wasserballmatches statt. Kleinere Kinder sind mit Gießkanne und Förmchen für den Wasserspaß gut gerüstet.

Adresse Fontänenfeld, Schwetzinger Terrasse, 69115 Heidelberg // **ÖPNV** Straßenbahn 22, 26, Haltestelle Hauptbahnhof Süd, dann circa sechs Minuten Fußweg // **Öffnungszeiten** immer, meist an warmen Nachmittagen angeschaltet // alle Altersstufen

TIPP: Um die Ecke ist ein Alnatura mit großzügigem Bäckereibereich. Falls die Erfrischung doch etwas zu kalt war, lässt sich hier ein warmer Tee oder eine heiße Schokolade bekommen.

41_DIE FRIEDRICH-EBERT-GEDENKSTÄTTE

Geburtshaus des demokratischen Präsidenten

Fast schon versteckt in der Nähe der Unteren Straße gelegen, wo abends und nachts die Studierenden das eine oder andere Getränk zu sich nehmen, befindet sich das Geburtshaus von Friedrich Ebert. Die Originalwohnung ist, genau wie die Ausstellung selbst, kostenlos zu besichtigen, da die Friedrich-Ebert-Gedenkstätte eine sogenannte bundesunmittelbare Stiftung ist.

Bei einem Besuch bekommen Kinder einen guten Eindruck von der räumlichen Enge, in der die Menschen Ende des 19. Jahrhunderts lebten. Bis zum Auszug der Familie wohnten auf 45 Quadratmetern acht Personen, zudem hatte der Vater zwei Lehrlinge, die sich tagsüber ebenfalls in der Wohnung aufhielten. Die Ausstattung ist der Original-Einrichtung nachempfunden; zusätzlich gibt es Fotografien von damals zu sehen. Wie luxuriös dagegen heutige Wohnungen, Kinderzimmer, Küchenausstattungen sind!

Neben der Wohnung kann man auf gut 240 Quadratmetern eine Ausstellung über Friedrich Ebert besichtigen. Es wird sein Aufstieg vom Sattler bis hin zum SPD-Parteivorsitzenden und Reichspräsidenten der Weimarer Republik, der ersten deutschen Demokratie, gezeigt. Zudem wird in der Ausstellung die Geschichte der Weimarer Republik und der Arbeiterbewegung didaktisch aufbereitet. An manchen Tagen lädt die Gedenkstätte zu öffentlichen Veranstaltungen ein.

Adresse Stiftung Reichpräsident-Friedrich-Ebert-Gedenkstätte, Pfaffengasse 18, 69117 Heidelberg, www.ebert-gedenkstaette.de // ÖPNV Bus 30, 31, 32, Haltestelle Universitätsplatz, anschließend circa fünf Minuten Fußweg // Öffnungszeiten Di – So 10 – 16 Uhr // alle Altersstufen, empfohlen ab fünf

TIPP: Unmittelbar in der Nähe der Friedrich-Ebert-Gedenkstätte befindet sich nicht nur das Café Burkhardt, sondern auch das Café La Fee, das sich durch eine wirklich bezaubernde Einrichtung und eine üppige Auswahl an verschiedensten Teesorten auszeichnet.

42_DER FROSCHKÖNIG

Ein Besuch im Hortus Palatinus

Das Heidelberger Schloss ist eines der am meisten fotografierten Motive Europas. Sein Garten – der Hortus Palatinus – galt im 17. Jahrhundert aufgrund seiner prachtvollen Anlage und der reichen Verzierungen sogar als »achtes Weltwunder«. Für das Gestalten der höher gelegenen Terrassen sprengte man auf Befehl des Kurfürsten Friedrich V. Teile des steilen Berghangs oberhalb des Jettenbühls – so heißt der natürliche Vorsprung, auf dem das Schloss errichtet wurde.

Gut für die Verteidigung des Schlosses war das nicht. Aber es erlaubte dem Physiker, Ingenieur und Baumeister Salomon de Caus, einen weitläufigen Lustgarten auf vier Terrassen zu planen, der noch heute seinesgleichen sucht. Der Dreißigjährige Krieg beendete damals die Arbeiten am Hortus Palatinus, und bis heute ist nicht klar, wie viel von den eigentlichen Plänen umgesetzt werden konnte. Fest aber steht: Auch das, was heute noch zu sehen ist, ist beeindruckend. So beeindruckend, dass seit einigen Jahren an einer schrittweisen Rekonstruktion des Gartens gearbeitet wird. Immer wieder träumen die Planerinnen dabei auch von einer »Vollendung« der ursprünglichen Vision, die auf Stichen und Plänen aus dem 17. Jahrhundert festgehalten ist.

TIPP: Das Schloss verfügt über eine großzügige barrierefreie Toilette mit Wickelmöglichkeit direkt beim Eingang. Von dort aus noch zum Elisabethentor (siehe Ort 44) gehen!

So weit die interessante Geschichte. Jetzt geht es auf in die großzügige Gartenanlage, in der sich so manches wunderschöne Detail entdecken lässt. Unter anderem gilt es, eine hühnereigroße Bronzeskulptur des Froschkönigs zu finden. Wo hat er sich bloß versteckt?

Adresse Hortus Palatinus, Schloß-Wolfsbrunnenweg 16, 69117 Heidelberg // **ÖPNV** Bergbahn ab Talstation, Haltestelle Schloss, danach circa zwei Minuten Fußweg // **Öffnungszeiten** immer // alle Altersstufen

43_DER FROZEN YOGURT

Gesunde Alternative zu Eiscreme

Ganz unbeabsichtigt hat es jede Menge Zucker und Schokolade geschafft, Teil dieser Reise durch die 111 Orte für Kinder in Heidelberg zu werden. Hätte die Elternschaft Heidelbergs Korrektur lesen dürfen, ich hätte bestimmt ein paar kritische Mails im Postfach gehabt. Denn natürlich ist Zucker nicht lebensnotwendig und ein Zuviel davon sehr, sehr ungesund (alle stellen sich hier bitte einen bösen Blick über eine leicht herabgezogene Brille vor).

Zum Glück gibt es auch wahnsinnig leckere Alternativen, die sich ebenfalls als Bestechung – Verzeihung, Belohnung für gut überstandene Altstadttouren eignen. Mit yolicious Frozen Yogurt ist eine dieser Alternativen vor Kurzem endlich auch bei uns angekommen. Direkt in der Altstadt gibt es kalorienarme und von Kristallzucker befreite Becher des gefrorenen Joghurts, der mit Obst, Saucen und verschiedenen – dann doch nicht zucker- oder schokoladearmen, sorry! – Toppings garniert werden kann. Aber auch ohne Smarties und Schokostreusel ist das Ganze ein Genuss. Vor allem im Sommer, wenn die Kinder gefühlt alle halbe Stunde ein Eis wollen. Und die Erwachsenen das, langsam vor sich hin zerfließend, eigentlich echt gut verstehen können. Auch sehr cool übrigens: yolicious achtet auf kompostierbare Becher und Löffel und kühlt seinen Joghurt mit Ökostrom. Also doppelt gutes Gewissen. Aber ob die gesunden probiotischen Kulturen im Joghurt die Kälte überleben, frage ich mich doch …

Adresse yolicious Frozen Yogurt, Ziegelgasse 26, 69117 Heidelberg // ÖPNV Straßenbahn 5, 9, 21, 22, 23, 26 und Bus 29, 32, 33, 34, 35, 39, Haltestelle Bismarckplatz, von hier aus circa zehn Minuten Fußweg, alternativ Bus 35, Haltestelle St. Vinc. Krankenhaus, von dort aus circa drei Minuten zu Fuß // Öffnungszeiten täglich 12–19 Uhr // alle Altersstufen

TIPP: Im Anatomiegarten an der Hauptstraße lässt sich der Frozen Yogurt im Schatten der Bäume genießen.

44_DIE GECKOS AM ELISABETHENTOR

Detailreiche Verzierungen in steinernem Bogen

Von der Bergbahn oder der Treppe zum Heidelberger Schloss kommend, liegt linker Hand als Erstes der ehemalige Lustgarten von Elizabeth Stuart, der Frau von Kurfürst Friedrich V. Das Elisabethentor markiert den Eingang. Wie ein kleiner Triumphbogen öffnet es den Blick auf die westliche Terrasse des Schlosses. Hinter der lang gezogenen Balustrade liegt die nahe Altstadt und, bei entsprechendem Aufstiegszeitpunkt und guter Witterung, ein imposanter Sonnenuntergang.

Das alles sowie die hübschen historischen Fakten – der Legende nach war das Elisabethentor nämlich ein Geburtstagsgeschenk und musste in nur einer Nacht als Überraschung gebaut werden – ist dem Nachwuchs vermutlich egal. Da wird abgewunken und durch den Hortus Palatinus geturnt, der übrigens von einem der größten Baumeister und Physiker des 17. Jahrhunderts, Salomon de Caus, geplant wurde und … ach, lassen wir das. Lenken wir die Aufmerksamkeit der jungen, mit uns verwandten Sturm-und-Drang-Typen einfach auf die Details im Elisabethentor. Im roten Stein verstecken sich kleine Tiere, liebevoll gestaltet, und wecken die pure Freude am Entdecken. Wer findet die unterschiedlichen Geckos? Die Nacktschnecke? Wer kann das Eichhörnchen ausmachen? Tipp: Für Letzteres müssen kleinere Kinder den Kopf doll in den Nacken legen. Was gibt es noch zu entdecken? Und vor allem: Wer kommt schon mit der Hand an welches Tier und kann es streicheln? Das sollte locker fünf Minuten beschäftigen!

TIPP: Der Besuch der gesamten Gartenanlage ist kostenlos. Picknick mitnehmen ist erlaubt, und die meisten Rasenflächen darf man auch betreten. Das ist doch mal ein kinderfreundliches Schloss.

Adresse Elisabethentor, Schlosshof 1, 69117 Heidelberg // **ÖPNV** Bergbahn ab Talstation, Haltestelle Schloss, danach circa zwei Minuten Fußweg // **Öffnungszeiten** immer, nachts oft beleuchtet // alle Altersstufen

45_DER GESPRENGTE TURM

Wo rohe Kräfte sinnlos walteten

Der Krautturm des Heidelberger Schlosses, heute besser als gesprengter Turm bekannt, gehörte zur östlichen Festungsanlage. Vermutlich stammen die unteren Geschosse aus dem 15. Jahrhundert.

Der Rundturm weist einige Besonderheiten auf, die durch die Sprengung im Jahr 1693 sichtbar geworden sind. Gewölbe im Inneren des Turms sollten ihn verstärken und auch gegen die neu erfundenen Kanonen widerstandsfähig machen. An den Außenmauern ist der Turm stolze 6,5 Meter dick! Ein Teil dieses imposanten Bauwerks mit einem unfassbaren Volumen an Steinen ist bei der Sprengung erhalten geblieben. Es wirkt beinahe, als hätte hier ein Riese einen Karateschlag ausgeführt. Doch warum wurde der Turm eigentlich gesprengt?

So richtig greifbar wird es nicht, auch wenn die Geschichte des Pfälzer Erbfolgekriegs spannend ist. Französische Truppen griffen ab Herbst 1688 die Kurpfalz an und konnten die Gegend schnell erobern. 1689 brannte das Schloss infolge dieser Kriege zum ersten Mal; Minen sprengten anschließend den nordwestlichen »Dicken Turm«, ließen aber den Rest der Festungsanlage beinahe unbeschädigt. Vier Jahre später nahmen französische Soldaten unter Ludwig XIV. Heidelberg ein. Der Befehl zur Zerstörung des Schlosses war gegeben, die Vorbereitungen der Sprengungen dauerten Monate. Am Ende zündeten die meisten Sprengladungen nicht richtig – der Krautturm aber verlor die Hälfte seiner Größe. Das Bruchstück übrigens ist, so groß es scheint, nur ein kleines Stück des fehlenden Turms.

Adresse Gesprengter Turm, Schlosshof 1, 69117 Heidelberg // **ÖPNV** Bergbahn ab Talstation, Haltestelle Schloss, danach circa zwei Minuten Fußweg // **Öffnungszeiten** immer // alle Altersstufen

TIPP: Von der Bäderterrasse beim Wolfsbrunnenweg aus ist der gesprengte Turm gut zu sehen – und picknicken lässt es sich dort auch!

46_DAS GRAFFITO AM MESSPLATZ

Freie Flächen für Sprayer

Kinder kennen das. Gerade eben freuten sich die Erwachsenen noch über das schön gemalte Bild auf dem Papier, schon schimpfen sie über die ersten abstrakten Versuche an der Wand. So lässt sich auch das etwas ambivalente Verhältnis der Stadt Heidelberg zur Straßenkunst beschreiben.

Die Stadt gibt an, jährlich circa 150.000 Euro in die Beseitigung von unerwünschten Graffiti zu investieren. Gleichzeitig entstehen seit einigen Jahren überall in der Stadt kunstvoll gestaltete Fassaden, die von der Stadt unterstützt und häufig feierlich eröffnet werden. Hier gewollt, da entfernt. Verwirrend – oder nicht?

Da spätere Fassadenkünstlerinnen selbstverständlich irgendwo üben müssen, gibt es seit einiger Zeit vermehrt sogenannte »Freiflächen« für Graffiti-Sprayer in Heidelberg. Es sind vor allem Unterführungen, die bunt gestaltet werden dürfen und über das gesamte Stadtgebiet verteilt sind. Eine der größten Flächen ist die Unterführung am Kirchheimer Messplatz. Vor allem an Wochenenden lässt sich auf einem Spaziergang nicht nur die Kunst, sondern auch der Nachwuchs der Straßenkünstler besuchen. Bei trockenem Wetter treffen sie sich oft in größeren Gruppen, um die Kunstwerke an und in der Unterführung immer wieder neu in Szene zu setzen. Und während die Kinder den Sprayerinnen zusehen, können die Eltern den Versuch unternehmen, zu erklären, warum dort die Wände bemalt werden dürfen – zu Hause aber nicht.

TIPP: Von dort aus in Richtung Ortskern Kirchheim spazieren. Ist zwar ein Weg von zehn bis 15 Minuten, aber die gute Pizza in der Pizzeria Sardegna lohnt die Mühe!

Adresse Unterführung am Messplatz, Harbigweg 3, 69124 Heidelberg // ÖPNV Straßenbahn 26, Haltestelle Messplatz, von dort circa zwei Minuten Fußweg // alle Altersstufen

47_DAS GROSSE FASS

Perkeos Erbe im Heidelberger Schloss

Die alte Kurpfalz, zu der auch Heidelberg gehört, ist eine klassische Weinregion. Früher mussten alle Weinbauern den »Zehnten« abführen, also zehn Prozent ihrer gesamten Ernte. Gesammelt wurde diese Abgabe laut Überlieferung im großen Fass im Heidelberger Schloss. Das große Fass ist übrigens schon das vierte seiner Art. Es gab bereits das Johann-Casimir-Fass (1591), das Karl-Ludwig-Fass (1664), das Karl-Philipp-Fass (1728) und das Karl-Theodor-Fass (1751). Aber auch bei Nummer vier blieb das Grundprinzip, also die Sammlung des Weins aus der Region, gleich. Es muss eine ziemlich ungenießbare Brühe gewesen sein – jedenfalls nach heutigen Maßstäben. Nicht grundlos ist wohl in einem alten Studentenlied zu hören, dass sich der Kurfürst Friedrich nach reichlichem Weingenuss am Abend am nächsten Morgen wütend im Bett herumwälzte.

Für Kinder ist es ein lustiges Erlebnis, auf dem riesigen Weinfass, das ungefähr 219.000 Liter fasst, herumzuklettern. Allerdings wurde es wahrheitsgemäß nur dreimal gefüllt. Es war nämlich einfach nie dicht. Zur Wahrheit gehört auch, dass die Sage rund um Perkeo, der in der Lage gewesen sein soll, das große Fass auszutrinken, eben nur eine Sage ist.

Das Heidelberger Fass ist übrigens nicht das größte der Welt, auch wenn man das auf dem Schloss nicht gern hört. Am größten ist nämlich das Riesenfass in Bad Dürkheim, das 1,7 Millionen Liter Wein aufnehmen könnte. Allerdings ist dieses Fass bereits besetzt: Ein gleichnamiges Restaurant befindet sich im Inneren. Aber immerhin steht auch dieses Fass in der Kurpfalz.

TIPP: Nicht vergessen, von der nahen Schlossterrasse aus ein Bild vom Blick auf Altstadt und Neckar zu machen!

Adresse Großes Fass im Schloss Heidelberg, Schlosshof 1, 69117 Heidelberg // **ÖPNV** Bergbahn, Haltestelle Schloss // **Öffnungszeiten** täglich 10–17 Uhr // alle Altersstufen, empfohlen ab circa vier Jahren

48_DAS GRÜNE KLASSENZIMMER

Ganz viel Natur und Vielfalt

Am Klausenpfad surrt und schwirrt es. Der nahe Landeplatz für die Notfallhubschrauber, die Verletzte ins Klinikum bringen, ist dabei aber selten die Quelle. Denn im Ökogarten der Pädagogischen Hochschule, der schon seit beinahe 30 Jahren Aktions- und Modellgelände für Umweltbildung ist, fühlen sich Bienen und andere Insekten wohl.

Die vielen Blühpflanzen sowie die Bereiche mit hohem Gras und Büschen sind ein entscheidender Beitrag zur Biodiversität. In der ruhigen Atmosphäre des wunderschön angelegten Gartens mit Streuobstwiese lassen sich die Insekten besonders gut beobachten. Im Lehrbetrieb dient der Garten daher dem Erwerb von Artenwissen. Für Schulklassen gibt es im Bauerngarten Experimentierflächen, auf denen sie selbst gärtnern können. Das grüne Klassenzimmer im Ökogarten kann allein oder in einer Lerngruppe erschlossen werden – hier gibt es überdachte Bereiche, einen Teich, ein Trockenmauerbeet. Und hoch über den Brombeeren findet sich sogar eine Vogelbeobachtungsplattform. Auch ein »Fühlpfad« ist Teil des Ökogartens, muss aber immer wieder erneuert werden und ist daher zeitweise nicht in voller Funktion. Und falls das Wetter für einen Besuch einfach zu schlecht ist: Auf der Webseite gibt es Online-Lernangebote für Kinder. Mit Videos und schön gestalteten PDFs werden die Inhalte des Ökogartens spielerisch vermittelt.

Seit einigen Jahren ist der Ökogarten Mitglied des Runden Tisches Bildung für nachhaltige Entwicklung.

TIPP: Auch in den hinteren Bereich des Gartens gehen. Hier stehen schattenspendende Bäume, an denen der Jahreszeitenwechsel besonders gut beobachtet werden kann.

Adresse Ökogarten der Pädagogischen Hochschule, Am Klausenpfad, 69120 Heidelberg // ÖPNV Bus 31, 37, Haltestelle Pädagogische Hochschule // Öffnungszeiten Mo – Do 7 – 20 Uhr, Fr 7 – 18 Uhr, Sa 9 – 18 Uhr // alle Altersstufen

49_HAKIMS IMBISS

Kult und Kuriosität in Rohrbach

Wer sich mitten ins Gewerbe-Mischgebiet Rohrbachs, direkt bei den Konversionsflächen des Mark-Twain-Village, verirrt, kommt wahrscheinlich an Hakim Mossas Trailer mit Anbau und provisorischem Biergarten vorbei. Was auf den ersten Blick aussieht wie eine Kommune aus Bauwagen und Zelten, ist in Wahrheit Heidelbergs Kult-Imbiss. Für Hakims Speisekarte nehmen die Menschen in Heidelberg und Umgebung lange Wege und Wartezeiten auf sich, denn seine Rippchen haben deutschlandweit einen phänomenalen Ruf. Spätestens seit einer Fernsehsendung, die Hakims Imbiss einen der absoluten Geheimtipps der Imbissszene nannte, ist der bunt zusammengewürfelte Anbau aus alten Möbeln, orientalischen Teppichen und allerlei Kuriosem stets gut besucht.

Hakim Mossa bereitet selbst zu und schenkt dabei sein entspanntes Lächeln, auch bei Zeitdruck und langen Schlangen. Scheinbar etwas improvisieren muss er nur, wenn sich mal wieder eine Vegetarierin in seinen Imbiss verlaufen hat. Kinder freuen sich auf die riesigen Portionen selbst gemachter Kartoffelchips und auf die etwas merkwürdig anmutende Umgebung, die absolut nichts mit den Restaurants, die sie kennen, gemeinsam hat. Für elf Euro gibt es eine große Portion Spareribs, die vermutlich mal auf einen hungrigen US-Soldaten zugeschnitten war und heute zusammen mit den Kartoffelchips eine Kleinfamilie pappsatt macht. Auf Plastikstühlen im kleinen Biergarten sitzend fragt man sich vielleicht kurz, ob dieser Besuch wohl eine gute Idee war – aber nur bis zum ersten Bissen.

TIPP: Um die Ecke befindet sich das Boulderhaus Heidelberg. Zum Klettern brauchen Kinder einen »Boulder-Führerschein«, daher unbedingt vorher die Webseite checken.

Adresse Hakims Imbiss, Sickingenstraße 36, 69126 Heidelberg // **ÖPNV** Straßenbahn 23, 24, Haltestelle Eichendorffplatz, von dort circa zehn Minuten Fußweg, alternativ Bus 28, Haltestelle Im Bosseldorn // **Öffnungszeiten** Di–So 11.30–21 Uhr // alle Altersstufen

50_DIE HALSBAND-SITTICHE

Konzert der etwas anderen Art

Am Hauptbahnhof Ankommende, die am späten Nachmittag aus dem Gebäude treten, schauen sich häufig erst einmal verwirrt um. Denn die Quelle des etwas anderen Konzerts, das regelmäßig vor Sonnenuntergang stattfindet, ist nicht sofort auszumachen. Kleine grüne Papageien sitzen in den großen Platanen und zetern munter vor sich hin, während sich unter ihnen die Taxifahrer über die allabendliche Lärmbelästigung ärgern und die Musik in den Fahrzeugen lauter stellen. Doch was ist da eigentlich über ihren Köpfen los? Und woher kommen die exotischen Vögel?

Halsbandsittiche bilden das streitende Orchester, und das gemeinsame Arrangement der Schlafplätze ist der Anlass für den Krach. Am liebsten hocken die Heidelberger Papageien in den hohen Bäumen am Hauptbahnhof, in den Platanen um das Löwengehege des Zoos und beim Einkaufszentrum Carré nahe der Innenstadt. Ihre eigentliche Heimat aber sind die baumbestandenen Landschaften Indiens und die nördliche Savannenzone Afrikas. Seit 1990 brüten die Papageien bei uns, nachdem mehrere Pärchen ihrer Art aus Privathaushalten entflogen waren. Zur großen Überraschung können die Tiere hier nicht nur überleben, sondern bekamen auch sehr erfolgreich Nachwuchs. Sie ernähren sich von Früchten, Blumen und Vogelfutter, das die Anwohnenden ihren musikalischen Nachbarn spendieren. Sitzen sie allerdings in Bäumen, um Früchte zu naschen, sind sie meist so leise, dass niemand die gut getarnten Vögel bemerkt.

Adresse Hauptbahnhof, Willy-Brandt-Platz 5, 69115 Heidelberg // **ÖPNV** Straßenbahn 5, 21, 23, 24, Bus 20, 32, 33, 34, 37, 39, Haltestelle Hauptbahnhof // **Öffnungszeiten** spannend ab dem späten Nachmittag bis zur Dämmerung // alle Altersstufen

TIPP: Läuft man vom Hauptbahnhof ein Stück in Richtung Stadt, liegt am Römerkreis das kinderfreundliche Café P11, das einen Besuch lohnt.

51_DAS HAUS DER ASTRONOMIE

Das ganze Universum so nah

Als »Entwicklungsbüro mit Publikumsbetrieb« bezeichnet das Team des HdA sich selbst und seine Tätigkeiten. Dazu gehören neben eigenen Veranstaltungen und Netzwerkarbeit auch die Entwicklung von Lehrmaterialien und die Durchführung von Workshops. Auch Lehrkräfte werden fortgebildet, und Jugendliche können in Schulpraktika erleben, was alles zu astronomischer Forschung gehört.

Das HdA hat Bildungs- und Weiterbildungscharakter und unterstützt in ganz unterschiedlichen Bereichen die astronomische Forschung. All das verbinden die Mitarbeitenden mit begeisternden Erlebnissen. Führungen im Haus, eine Dauerausstellung und Familienworkshops werden zusammen mit der Astronomieschule angeboten. Von kleinen, eineinhalbstündigen Formaten bis zum Sommercamp gibt es jede Menge Aktionen für sternenbegeisterte Familien. Das absolute Highlight ist allerdings der Flug durch das All. Das Haus der Astronomie verfügt nämlich über ein eigenes digitales Zeiss-Planetarium und bietet eine Reise durch das Universum an, inklusive der nötigen Reisevorbereitungen und geschulter Reiseleitung. Beim Start von der Erde wird die ISS, die Internationale Raumstation, schnell zurückgelassen, um verschiedene Planeten unseres Sonnensystems genauer zu betrachten. Die Reisegruppe darf entscheiden. Dann geht es weit hinaus in entfernte Galaxien, bevor der Rückflug alle wieder sicher nach Hause bringt. Die große Reise ist kein Schnäppchen, aber dafür darf die Reisegruppe umfangreich sein: Bis zu 50 Personen sind im Pauschalpreis drin.

Adresse Haus der Astronomie, MPIA-Campus, Königstuhl 17, 69117 Heidelberg // **ÖPNV** Bus 30, 39 Haltestelle Sternwarte // **Öffnungszeiten** Führungen und Workshops auf Anfrage via www.haus-der-astronomie.de/de/angebote/hda-besuchen // Alle Altersstufen, Workshops geben unterschiedliche Empfehlungen ab.

TIPP: Schulklassen können sich das Universum übrigens ausleihen – mit »Universe in a box« stellt das Haus der Astronomie anschauliches Material speziell für Grundschulkinder zur Verfügung.

52_DAS HEART AND SOUL

Ort der Begegnung für alle

Als die Betreiber des Heart and Soul dem Bauamt erklärten, was sie in der Bergheimer Straße planten, gab es erstaunte Nachfragen: Ist das Heart and Soul ein Café, ein Laden oder ein Treffpunkt und Veranstaltungsort? Die für deutsche Bürokratie kniffelige Antwort lautet: Alles davon, und noch mehr.

Mitglieder der amerikanischen Freikirche Life Church stecken hinter dem Konzept. Ihre für kirchliche Zwecke genutzten Räume befinden sich in unmittelbarer Nachbarschaft. Das Café Heart and Soul, das aktuell vor allem zur Mittagszeit gut besucht ist, will aber mehr sein als ein Treffpunkt für Bibelfans. Geschaffen als Begegnungsort für alle gibt es Kunstschaffenden und Kreativen eine Bühne: Im Ladenregal liegen ausgesuchte Produkte, die größtenteils in Zusammenarbeit mit dem Action House HD vertrieben werden. Das Action House HD ist eine »Do it Yourself«-Werkstatt mit regelmäßigen Workshop- und Veranstaltungsangeboten und liegt nicht weit entfernt.

Den hervorragenden Kaffee der Mannheimer Rösterei Helder & Leeuwen gibt es ebenso wie Kuchen, leckeren Kakao oder Chai Latte auf Spendenbasis – alle zahlen einfach das, was sie geben können und wollen. Das Café-Personal arbeitet ehrenamtlich. Wird mehr Gewinn erzielt, als zum Betreiben des Cafés benötigt wird, geht der Erlös an gemeinnützige Zwecke. Kinder sind jederzeit herzlich willkommen und werden liebevoll behandelt. Und freies WLAN für ein schnelles Spiel auf dem Smartphone lässt auch die Eltern mal kurz durchatmen (NUR KURZ!).

TIPP: Das Thermalbad Heidelberg, ein sehr schönes Freibad, ist nur wenige Minuten Richtung Neckar gelegen.

Adresse Heart and Soul, Bergheimer Straße 133, 69115 Heidelberg // **ÖPNV** Straßenbahn 21, 24, 26, Haltestelle Betriebshof // **Öffnungszeiten** Di 12 – 18 Uhr, Mi – Fr 10 – 18 Uhr // alle Altersstufen

53_DAS HEIDELBERGER PFERD

Druckprozesse, ein Pferd und die Kunst

Die meisten kennen die Geschichte des Trojanischen Krieges und des Trojanischen Pferdes – und sei es auch nur, weil man über die Gefahr von »Trojanern« für den heimischen Computer gelesen hat.

Das riesige Metallpferd bei der Print Media Academy gegenüber dem Hauptbahnhof hat zum Glück keinen kriegerischen Hintergrund. Die 13 Meter hohe, 15 Meter lange, vier Meter breite und 90 Tonnen schwere Statue ist ein Kunstwerk, das die verschiedenen Phasen eines Druckprozesses abbilden soll – jedenfalls ist das bei Wikipedia zu lesen. Dort heißt es, die leuchtenden Augen stünden für die Druckvorstufe, der runde Körper für den Druckprozess, der Schweif des Pferdes sei ein Buch. Der Künstler Jürgen Goertz sieht das etwas anders und zitiert sich selbst auf seiner Webseite auf die Frage, was das Pferd mit der Print Media Academy zu tun habe, wie folgt: »Wir müssen doch nicht krampfhaft eine Beziehung zwischen dem Kunstobjekt und dem Bau oder Heidelberg herstellen.« Die Frage nach der Bedeutung des Pferdes kann hier also nicht endgültig beantwortet werden. Klar ist allerdings, dass es ein wunderbares Kunstwerk ist, das einen schönen Hintergrund für ein Familienfoto bietet. Doch Vorsicht: Es befindet sich auf dem Privatgelände der Print Media Academy, und manche Sicherheitsleute können echte Spielverderber sein. Das Pferd trägt übrigens den klangvollen Namen »S-Printing horse« und ist mit seinen beeindruckenden Maßen die größte Pferdeskulptur der Welt.

Adresse Pferdestatue, Kurfürsten-Anlage 60, 69115 Heidelberg // **ÖPNV** Straßenbahn 5, 21, 23, 24, Bus 20, 32, 33, 34, 37, 39, Haltestelle Hauptbahnhof, das Pferd steht direkt gegenüber // **Öffnungszeiten** immer // alle Altersstufen

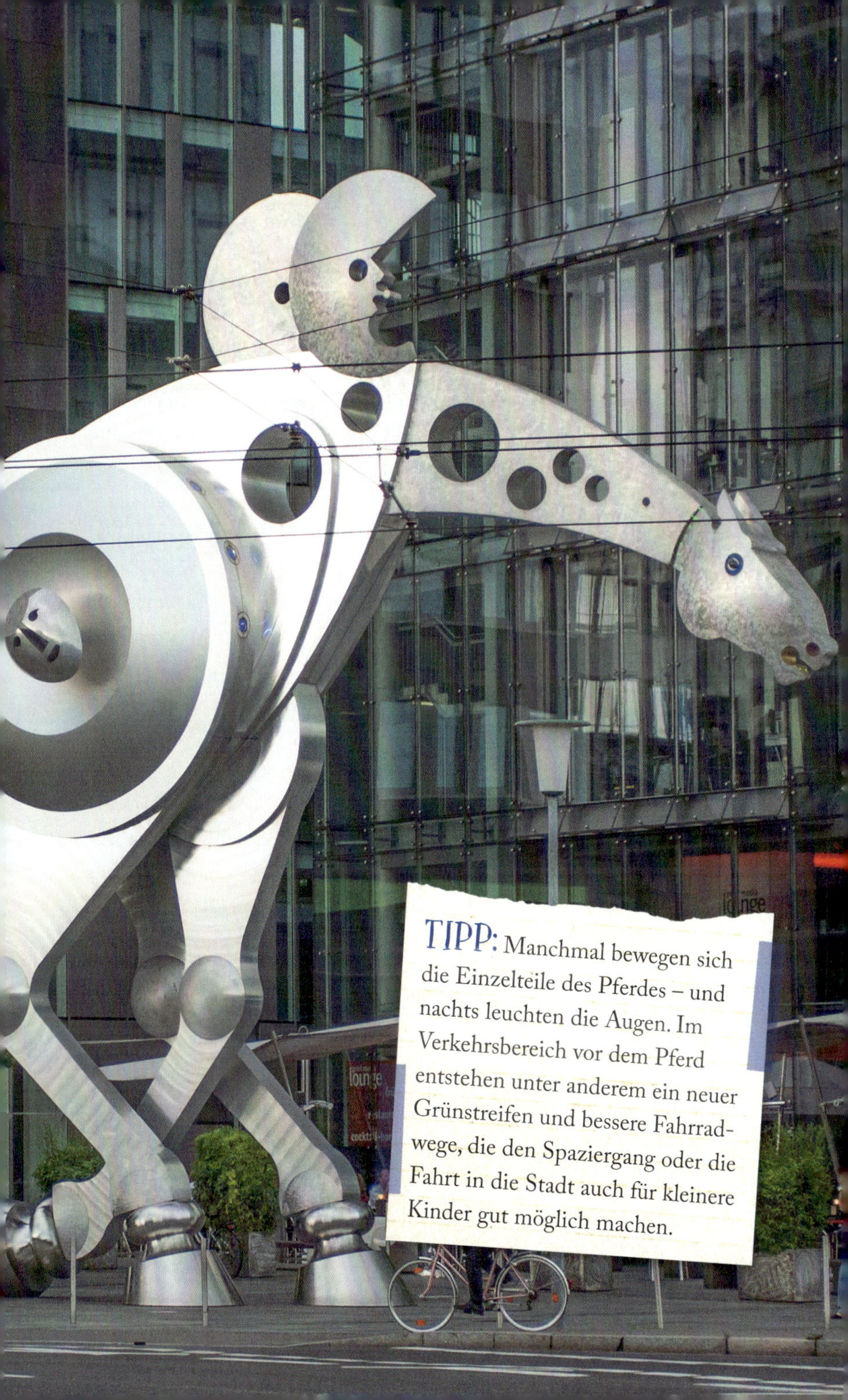

TIPP: Manchmal bewegen sich die Einzelteile des Pferdes – und nachts leuchten die Augen. Im Verkehrsbereich vor dem Pferd entstehen unter anderem ein neuer Grünstreifen und bessere Fahrradwege, die den Spaziergang oder die Fahrt in die Stadt auch für kleinere Kinder gut möglich machen.

54_DIE HEIDELBERGER ZIEGEN

Tierische Landschaftsgärtnerinnen

Mitten im Handschuhsheimer Feld, auf einer offenen Weide ganz in der Nähe des Ökogartens der Pädagogischen Hochschule, befindet sich das schönste Zuhause der Heidelberger Ziegen. Hier dürfen sie weiden, sich austoben und sich auf dem großen Gelände frei bewegen. Mit etwas Geschick – bitte nicht mit Lautstärke! – lassen sie sich anlocken und beobachten.

Auf der offenen Weide soll es in ganz naher Zukunft Besichtigungstouren und Möglichkeiten zum Streicheln der Ziegen geben – Agraringenieurin Nadine Palleria setzt sich nämlich dafür ein, mit den Ziegen pädagogisch arbeiten zu können. Aber auch das, was die Ziegen sonst in Heidelberg so anstellen, ist spannend zu sehen: Die Tiere werden nämlich als mobile Landschaftsgärtnerinnen gebucht. Überall, wo große Grundstücke schlecht zugänglich sind, grasen Ziegen alles ab, was nicht erwünscht ist: Brombeeren, hohes Gras und sogar kleinere Gehölze. Damit leisten sie einen wertvollen, umweltfreundlichen Beitrag zur Landschaftspflege – denn wo schwer zugängliche Grundstücke zuwuchern, können weniger Arten überleben. Damit das nicht passiert, arbeiten die lebendigen Rasenmäher überall dort, wo Menschen ihnen ein temporäres Lager bereiten. Den nötigen Zaun bringen die Heidelberger Ziegen gleich mit. So kann man sie an ganz verschiedenen Stellen der Stadt besuchen und bei der Arbeit bewundern. Das Handschuhsheimer Feld aber ist für ein erstes Date wirklich die perfekte Umgebung!

TIPP: Das Tapas-Restaurant Olive beim Heidelberger Tennisclub ist einen Anschlussbesuch wert.

Adresse Heidelberger Ziegen, Handschuhsheimer Feld (vom Öko-Garten der PH aus etwas nach Norden gehen), 69121 Heidelberg // ÖPNV Straßenbahn 21, 24, Haltestelle Heiligenbergschule, danach circa zehn Minuten Fußweg // Öffnungszeiten tagsüber // alle Altersstufen

55_DER HEILIGEN-BERGTURM

Bester Blick vom Heiligenberg auf den Königstuhl

Oben auf dem Michelsberg, dem Vorgipfel des Heiligenbergs angekommen, ist der über 16 Meter hohe Aussichtsturm das Erste, was man sieht. Er ist aus den typischen rötlichen Sandsteinquadern gebaut, die in der Region überall zu finden sind und aus denen auch das Heidelberger Schloss errichtet wurde. In seinem Windschatten steht eine Bank, auf der es sich nach dem Anstieg hervorragend ausruhen lässt. Schon hier am Fuß des Heiligenbergturms ist der Blick ins Tal phänomenal. Trotzdem nehmen alle die schmale Wendeltreppe den Turm hoch gern in Kauf. Denn von dort oben schaut man auch über die nahen Baumkronen hinab zum Neckar – und am Königstuhl wieder hinauf.

Der Rundturm mit seiner Brüstung aus Steinzinnen wird oft auch als Stephansklosterturm bezeichnet. Er steht am Rand eines alten Klostergeländes, das im 16. Jahrhundert aufgelöst wurde. Das Stephanskloster verfiel über viele Jahrzehnte, bis 1885 aus den restlichen Steinen der Heiligenbergturm gemauert wurde. Auf einer Gedenktafel ist die Geschichte des Turms vermerkt, und nur ein Stückchen weiter findet sich eine Zeichnung des Klostergrundrisses. Der Weg auf den Heiligenberg führt vom Turm über den Parkplatz bis zum Eingang der Thingstätte, und dann weiter hoch zur Ruine des Michaelsklosters. Die Waldwege eignen sich nicht nur für Wanderungen: Auch Mountainbiker genießen dort oben die Kühle und Ruhe des Waldes. Am besten also beim Turm starten und Zeit mitbringen, um die Wege auf dem Heiligenberg zu erkunden.

TIPP: Ein Stückchen bergabwärts liegt die Meriankanzel. Sie war Aussichtspunkt und Arbeitsstelle von Matthäus Merian, der 1620 dort die »Große Stadtansicht von Heidelberg« anfertigte.

Adresse Heiligenbergturm, 69121 Heidelberg // **ÖPNV** Bus 29, 31, Haltestelle Lutherstraße, von dort aus mindestens eine halbe Stunde Fußmarsch (1,8 Kilometer), alternativ fährt im Sommer der Bus 38 auf den Heiligenberg // **Öffnungszeiten** immer, nachts bitte nicht hochklettern // alle schwindelfreien Altersstufen

56_DIE HEILIGGEIST-KIRCHE

Der beste Blick der Stadt macht etwas schwindelig

Die Heiliggeistkirche gilt als eine der bedeutendsten Kirchen der Region. Hier wurden Könige begraben, hier fanden Menschen Zuflucht vor Bränden, Kriegen und Plünderungen. Sie erlebte die Pest, kriegerische Auseinandersetzung und Zerstörung. Von 1398 bis 1515 dauerte ihr Bau. Ihre faszinierende Lebensgeschichte erzählt sie unzähligen Besucherinnen im Jahr.

Doch für eine Kirchenführung melden wir uns heute nicht an. Auch das Königsgrab lassen wir wortwörtlich links liegen. Wir wollen nämlich hoch hinaus, auf den Turm! 208 Stufen führen die Wendeltreppe des Glockenturms hinauf bis zu einer Aussichtsplattform. Der Weg führt zunächst über die Empore von einem Kirchenschiff zum anderen. Schon hier ist der Blick in die Kirche sehr beeindruckend. Aber das Beste kommt erst noch! Der schmale Gang unter dem Kirchdach mündet in eine immer enger werdende Treppe – Eltern: Kopf einziehen! Gerade wenn es richtig anstrengend wird, gibt der schmale Gang alle wieder frei.

Oben angekommen, macht der leichte Drehwurm bald einem anderen Schwindel Platz: Die Aussicht ist atemberaubend. Schloss und Altstadt sind auf 38 Meter Höhe unglaublich nah, und die Plattform, die einmal um den Turm herumführt, erlaubt den Blick in alle Himmelsrichtungen.

TIPP: Am südlichen Mauerwerk sind Darstellungen von Brezeln in den Stein gemeißelt. Wer findet sie und errät, wozu sie dienten? Kleiner Tipp: Es hat mit den kleinen Läden zwischen den Pfeilern und einem mittelalterlichen Käuferschutz zu tun.

Adresse Heiliggeistkirche, Marktplatz, 69117 Heidelberg // **ÖPNV** Bus 32, Haltestelle Alte Brücke, von dort aus circa drei Minuten Fußweg // **Öffnungszeiten** Mo–Sa 11–17 Uhr, So 12.30–17 Uhr, Turmbegehung zu den Öffnungszeiten möglich // alle Altersstufen, empfohlen ab circa vier Jahren

57_DIE HIMMELSLEITER 2

Kurzwanderung ab Rohrbach für alle mit Ausdauer

Die zweite Himmelsleiter in Heidelberg hat sich ihren Namen frech gemopst. Denn eigentlich heißt die Treppe, die vom Heidelberger Schloss aus in über 1.200 Stufen auf den Gipfel des Königstuhls führt, schon so. Die »echte« Himmelsleiter ist aus grobem Sandstein und wurde ab 1844 gebaut. Die modernen Rohrbacher Himmelsleiter dagegen ist ein Betriebsweg der Stadtwerke und daher aus regelmäßigen, gut begehbaren Betonstufen. Sie führt circa 800 Meter steil nach oben auf den Ameisenbuckel, den Bergkamm zwischen Boxberg und Königstuhl.

Auch für die Himmelsleiter 2 ist gute Kondition erforderlich. Zwar ist der Aufstieg viel schneller vorbei als bei der Namensgeberin – schon nach 15 bis 20 Minuten atmen oben alle erleichtert auf und lassen sich gleich glücklich auf die großen Holzbänke am Schluss der Himmelsleiter sinken. Aber deutlich ins Schwitzen kommt man bei den vielen Stufen mit Sicherheit. Belohnt wird die Familie oben mit einem Waldstück, einem Panoramablick über Rohrbach und verschiedenen Wanderwegen, zum Beispiel zum Ehrenfriedhof und zum Bierhelderhof. Wer der »kleinen Wanderung nach Feierabend« folgen möchte, geht am oberen Treppenaufstieg links und folgt dem Waldweg. Bei einem steinernen Wegweiser führt der Friedrichspfad wieder abwärts nach Rohrbach. Der Weg endet in der Nähe der Straßenbahnhaltestelle Eichendorffplatz in der Panoramastraße.

Adresse Himmelsleiter 2, Aufstieg in der Winzerstraße hinter der Eichendorff-Schule, 69126 Heidelberg // **ÖPNV** Straßenbahn 23, 24 nach Rohrbach Markt, von dort aus circa 400 Meter Fußweg // alle Altersstufen, empfohlen ab circa fünf Jahren

TIPP: Dreht man die Route um und nimmt die Treppen bergab, ist es linker Hand nach dem Treppenabstieg nicht mehr weit bis zur beliebten Bodega Don Jamón. Auf der schönen Terrasse lässt sich der Tag mit einem Glas spanischen Weins abschließen. Am besten reservieren!

58_DIE HISTORISCHE ZAHNRADBAHN

Abenteuerfahrt auf den Königstuhl

Vom Schloss Heidelberg aus geht es mit der modernen Bergbahn zur Station Molkenkur. Dort lässt sich die Aussicht genießen und im kleinen Kiosk ein Eis oder ein Stück Kuchen essen.

Von dort aus steigen alle, die ganz nach oben auf den Königstuhl wollen, in die historische Zahnradbahn. Direkt bei der Station kann bereits ein Blick auf die alte Technik geworfen werden, die bis heute dafür sorgt, dass die historische Bahn den steilen Anstieg auf den Königstuhl bewältigt. So lässt sich die Wartezeit auf die Bahn gut überbrücken.

Dann wird es spannend! Die rote, hölzerne Bahn fährt inklusive echter Schaffnerin in die Station ein. Den besten Blick haben alle, die gleich hinter dem Steuer ein Plätzchen finden. Der anschließende Blick nach unten und über die Ebene ist spektakulär. Es ruckelt und schaukelt, während die Bahn nach oben klettert. Dann kommt die Stelle, an der sich die Gleise teilen. Hier treffen sich die beiden Bergbahnen, die stets zu zweit im Einsatz sind – die eine fährt ins Tal auf die Station Molkenkur zu, die andere wird den Berg hinaufgezogen. Bei der Komplettsanierung der historischen Bergbahn wurden die Wagen restauriert, die auch schon vor über hundert Jahren, zu den Anfängen der Heidelberger Bergbahn, im Einsatz waren. Damit zählt dieser obere Teil der Bergbahn heute zu den ältesten deutschen Seilbahnen. Die historischen Details dürften den Kindern allerdings während der Fahrt eher unwichtig sein. Zu schön ist der Ausblick und das Geruckel zu aufregend.

TIPP: Wer sich eine Tour zu Fuß zutraut, kann den Wanderweg entlang der historischen Bergbahn nehmen. Eine tolle Route durch die Natur.

Adresse Bergbahn Heidelberg Station Kornmarkt, Zwingerstraße 20, 69117 Heidelberg, www.bergbahn-heidelberg.de // ÖPNV Bus 33, Haltestelle Rathaus-Bergbahn, von dort aus fünf Minuten Fußweg // Öffnungszeiten im Sommer Fahrten 9 – circa 20 Uhr // alle Altersstufen

59_DER ICE-SPIELPLATZ

Die Bahn kommt – und ist bespielbar!

Die Bahnstadt ist Heidelbergs neuester Stadtteil. Nach Fertigstellung soll sie die größte Passivhaussiedlung der Welt sein. Schon jetzt bietet der Stadtteil auch etliche außergewöhnliche Aktivitäten für Kinder an. Der ICE-Spielplatz ist, wie der Name vermuten lässt, wie ein ICE gestaltet: Rot und weiß und genauso windschnittig wie das Original auf Schienen, nur mit viel mehr Spielelementen! Die Kinder können in einem Spielhaus toben oder ihren Gleichgewichtssinn

auf einem Balancier-Element erproben. Neben Schaukeln und Klettermöglichkeiten gibt es auch einen Wasserbereich, der allerdings nur im Sommer benutzt werden darf. Unter den Bäumen gibt es genug Schatten, um auch richtig heiße Tage auszuhalten. Und obwohl die Bahnstadt oft einer der wärmsten Flecken in Heidelberg ist: Dort, am Rand der Felder, weht meistens ein angenehmer Wind.

An der langen Bahnpromenade finden sich viele kleine und größere Spielplätze, die thematisch die Umgebung aufgreifen, der Feuerwehrspielplatz (siehe Ort 38) oder ein Bauernhof-Spielplatz, zum Beispiel. Das wohl Schönste für Eltern: Die Anlagen sind von Sitz- und Liegeflächen, üppigen Rosmarinsträuchern und Rasenflächen umgeben. So können die Kinder auch mal einen Augenblick die Promenade entlangrennen und doch gut im Blick behalten werden. Schlafende Geschwister im Kinderwagen finden Platz unter Bäumen und Sonnensegeln, und auch leckerer Kaffee oder ein Glas Wein sind so nah, als hätte der ICE die Familie in die Toskana gebracht.

Adresse Langer Anger 105, 69115 Heidelberg // **ÖPNV** Straßenbahn 22, 26, Haltestelle Gadamerplatz, von dort aus circa vier Minuten Fußweg // **Öffnungszeiten** immer // alle Altersstufen, bis zum Alter von circa zehn Jahren beliebt

TIPP: Um die Ecke, beim Bürgerhaus in der Bahnstadt, gibt es im veganen Restaurant ALGE einen tollen Mittagstisch, kinderfreundlichen Service und eine leckere Auswahl selbst gemachter Kuchen und Desserts.

60_DER IDEE CREATIVMARKT

Bastelaktionen in der Märzgasse

Wer wie ich ein locker sitzendes Portemonnaie bei Bastelideen hat, sei hiermit vor einem Besuch im IDEE Creativmarkt umfassend gewarnt. Das Sortiment, das sowohl aktuelle Basteltrends als auch Evergreens am Bastelmarkt zu bieten hat, erstreckt sich auf zwei großen, gut sortierten Flächen. Ein festes, vorher mit sich selbst vereinbartes Budget gibt Halt, denn auch bastelbegeisterter Nachwuchs entdeckt hier immer wieder Neues.

Das kinderfreundliche Personal beantwortet geduldig Fragen und hilft bei der Auswahl des nächsten Projekts. Aber der Laden bietet noch mehr. An Samstagen gibt es in der Zeit von 11 bis 14 Uhr zu jeder vollen Stunde Mitmachaktionen. Hier kann gegen einen Unkostenbeitrag unter Anleitung einer Mitarbeiterin ausprobiert, gebastelt, geschaffen werden. Die Kosten richten sich nach dem Material und bewegen sich meistens zwischen zwei und zehn Euro. Ein Mindestalter oder eine spezielle Voraussetzung gibt es nicht, auch eine Voranmeldung ist nicht notwendig.

Eltern können sich auf der Homepage informieren, welches Bastelprojekt an den kommenden Samstagen auf dem Plan steht, und dann selbst entscheiden, ob das eigene Kind Spaß an der Aufgabe haben könnte. Hilfestellung während des Bastelns ist natürlich möglich, aber die Kinder genießen auch, wenn Mama und Papa mal nicht wie beim Laternebasteln im Kindergarten die Schere oder den Kleber für sie führen. Ein Ausprobieren der Mitmachaktionen empfehle ich daher sehr herzlich!

TIPP: Direkt gegenüber liegt ein Spielplatz. So kann ein größeres Kind in Ruhe basteln, während ein kleineres rutscht und Sandkuchen backt.

MITMACHAKTION.

Adresse IDEE Creativmarkt, Märzgasse 12–14, 69117 Heidelberg, www.idee-shop.com/mitmachaktionen // ÖPNV Bus 31, 32 und 33, Haltestelle Friedrich-Ebert-Platz, von dort etwa fünf Minuten Fußweg // Öffnungszeiten Mo–Fr 10–19 Uhr, Sa 10–18 Uhr // alle Altersstufen

61_DER JUGENDHOF

Tiere versorgen, Gemüse ernten, mit anpacken!

Der Jugendhof in Rohrbach, direkt am Feldrand südlich des Hasenleiserquartiers, verdient noch viel mehr Aufmerksamkeit und haufenweise Unterstützung. Seit 1994 gibt es den Verein, der sich der Kinder- und Jugendarbeit in den Bereichen Garten und Tiere annimmt.

Auf dem Jugendhof ist viel Platz für die dort lebenden Ponys, Kaninchen, Meerschweinchen, Schweine, Schafe, Ziegen, Hühner und Enten – und für die regelmäßig besuchenden Kinder, die ohne Anmeldung zum offenen Betrieb kommen und direkt mithelfen können. Denn natürlich gibt es jede Menge zu tun: beim Obsternten, bei der Pflege des angebauten Gemüses und natürlich auch bei der Betreuung der Tiere. Begleitet werden sie dabei von Sozialpädagoginnen, Honorarkräften und verschiedenen ehrenamtlichen Helfern. Gemacht wird immer das, was ansteht. Die Kinder kommen so in Kontakt mit den ganz alltäglichen Arbeiten auf dem Jugendhof, aber auch mit ganz besonderen Aufgaben. Spazierengehen mit den Schafen und Ponys, zum Beispiel. Marmelade kochen. Neue Zäune bauen. All das mit einem jederzeit offenen Ohr der Betreuerinnen. Die Arbeit mit Tieren stärkt die Jugendlichen, verbessert Körpergefühl und Wahrnehmung und führt sie begleitet an das Thema Verantwortung heran. Während die größeren Kinder im offenen Betrieb einfach abgegeben werden können, gibt es für Familien mit kleineren Kindern unter sechs Jahren den Samstag für gemeinsame Aktivitäten. Ein wunderbares Angebot – Im Internet nach Aktuellem schauen und dann hin da!

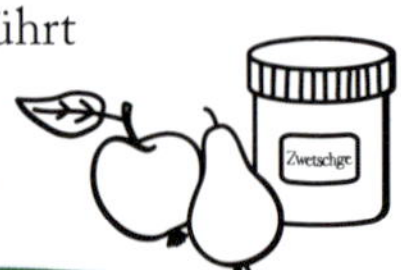

TIPP: Ein schön gestalteter, gut beschatteter Wasserspielplatz ist direkt um die Ecke – für kleinere Geschwister perfekt, während die größeren auf dem Jugendhof werkeln und Tiere pflegen.

Adresse Jugendhof Heidelberg, Hangäckerhöfe 2, 69126 Heidelberg // **ÖPNV** Straßenbahn 23, 24, Haltestelle Freiburger Straße, danach circa acht Minuten Fußweg // **Öffnungszeiten** offener Betrieb Di–Sa 14–18 Uhr // alle Altersstufen

62_DER KERAMIKOFEN

Gestaltungsspielraum auf Gebrauchsgegenständen

Ich kann mich noch gut daran erinnern, wie ich als Kind einen Töpferkurs besuchte. Wir sollten Blumenvasen machen, und meine Ergebnisse waren so entsetzlich, dass ich nach kurzer Zeit zu kleinen Dinosauriern aus Ton überging – sehr zum Entsetzen der Leiterin. Zu groß war die Frustration, nichts formen zu können, was halbwegs zu gebrauchen war.

Als ich zum ersten Mal von der Arbeit im Keramikofen Heidelberg hörte, dachte ich, dass meine Kinder ähnlich frustriert nach Hause kämen. Weit gefehlt! Denn die Stücke im Keramikofen, die sich alle zur Weiterbearbeitung aussuchen können, sind von fachkundigen Händen gefertigt. Der Fokus liegt also nicht auf dem Formen von Ton, sondern auf dem künstlerischen Bemalen und Verzieren. So entstehen in der Werkstatt, die mitten in der Heidelberger Altstadt liegt, wunderschöne individuelle Stücke: Teller, Butterdosen, Tassen, Kannen und allerlei kleinere Dekoartikel können ausgewählt und bemalt werden. Dafür stehen farbenfrohe Glasuren und feine Pinsel zur Verfügung, aber auch Schablonen, falls das freie Zeichnen noch schwerfällt. Ein paar Tage nach dem Besuch in der Werkstatt können die fertig gebrannten Gegenstände abgeholt werden. Kinderkunst, die im täglichen Gebrauch ist: Wir lieben es! Neben Kindergeburtstagen und »Keramik to go« können Interessierte einfach vorbeigehen. Für die Arbeit in der Werkstatt sollten circa zwei Stunden eingeplant werden.

Adresse Der Keramikofen, Untere Straße 12, 69117 Heidelberg, www.keramikofen-heidelberg.vpweb.de // **ÖPNV** Bus 31, 32, 35, Haltestelle Marstallstraße, von dort circa vier Minuten Fußweg // **Öffnungszeiten** Di–Sa 12–18 Uhr // alle Altersstufen

TIPP: Am Heumarkt steht der Sumebrunnen. Er ist den Kindern der Stadt gewidmet, die früher auch als »Neggasume« – kleine Fische, die erst noch wachsen müssen – bezeichnet wurden.

63_ DER KLOSTERHOF NEUBURG

Kräuter, Ziegen und Wanderwege

Als unsere Kinder klein waren und die Wochenenden noch endlos, war die Gaststätte des Klosterhofs Neuburg in Ziegelhausen eines unserer liebsten Ausflugsziele. Die schöne Gaststätte in einer alten Scheune hat einen urigen Innenraum mit langen Bänken, eine große Terrasse für die warme Jahreszeit und eine bodenständige regionale Speisekarte. Auch ein Kinderwagen passt notfalls neben die Bänke, und Buntstifte sowie ein kleiner Spielbereich lassen die kurze Wartezeit auf Kuchen, Käsespätzle oder Elsässer Flammkuchen schnell vergehen. Einige Jahre gab es zwischen den Pächtern der Gaststätte und den Mönchen des Klosters Stift Neuburg ganz schön Beef, neudeutsch gesprochen. Mit dem Wechsel der Pächter 2018 gelang ein Neustart. Altbewährtes wurde dabei gelassen, wie es war. Auch mal ganz schön.

Klosterhof und Stift Neuburg sind echte Schmuckstücke. Von der schlichten Klosterkirche, deren bunte Fenster die weißen Wände farbig illuminieren, über den sorgsam angelegten Kräuter- und Arzneigarten, bis hin zu den Gehegen für Ziegen und Schafe. Die tierischen Bewohner sind natürlich der größte Kindermagnet unter allem Genannten und schlagen selbst die Aussicht auf Apfelkuchen in der Gaststätte oder einen Einkauf im Hofladen um Längen. Ohne eine kleine Wanderung auf den Wegen, die in Richtung des Berges »Weißer Stein« führen oder quer als Verlängerung des Philosophenweges verlaufen, sollte niemand den Ausflug vorzeitig für beendet erklären.

Adresse Gasthaus zum Klosterhof und Kloster Stift Neuburg, Stiftweg 4, 69118 Heidelberg // **ÖPNV** Bus 34, Haltestelle Stift Neuburg // **Öffnungszeiten** täglich 11–21 Uhr // alle Altersstufen

TIPP: Ein Wanderweg führt an den Fluss hinunter, wo es sich ebenfalls wunderbar spazieren lässt.

64_DIE KONVERSIONS-FLÄCHEN

Bagger und Kräne

Wo man auch hinblickt: Heidelberg wächst, baut um oder erfindet sich neu. Seit dem Wegzug der amerikanischen Truppen, die in Heidelberg bis 2013 stationiert waren, werden große Areale im Süden und Westen der Stadt neu bebaut. Bis mindestens 2022 soll die Umgestaltung der Konversionsflächen dauern. Genügend Zeit für kleine Baggerfans, um voll auf ihre Kosten zu kommen.

Mit dem Wegzug der Amerikaner ging in Heidelberg eine Epoche zu Ende, die überwiegend von Freundschaft und Kooperation geprägt war. Mit dem deutsch-amerikanischen Freundschaftsfest luden die amerikanischen Soldaten und ihre Familien regelmäßig zu sich ein. Die Ereignisse des 11. September sorgten für einen harten Einschnitt in dieser Zeit – aus Sicherheitsgründen wurden Austausch und Besuche erschwert. Dennoch war der Abschied der letzten Soldaten für Heidelberg ein trauriger Moment. Seitdem aber wird überall geplant, besprochen, gebaut. Auf den ehemals amerikanischen Geländen entstehen Gewerbegebiete, Innovationsparks, Wohnflächen, Mehrgenerationenprojekte, Spielplätze und vieles mehr.

Die Geschwindigkeit, mit der sich die Gebiete verändern, ist atemberaubend. Trotzdem werden die Bauarbeiten noch lange andauern. Hohe bunte Kräne heben sich in den Himmel, Bagger aller Art verschieben die Erde, neu gestaltete Spielflächen werden eingeweiht.

TIPP: Auf allen Konversionsflächen finden regelmäßig verschiedene spannende Veranstaltungen statt: Kinderfilmfestival, Street-Art oder auch das Freundschaftsfest.

Adresse zum Beispiel Mark Twain Village, zentraler Punkt: Römerstraße 166, 69126 Heidelberg, weitere Konversionsflächen sind im Süden Rohrbachs sowie in Kirchheim und am Rand der Bahnstadt // **ÖPNV** Straßenbahn 23, 24, Haltestelle Rheinstraße, von dort circa sechs Minuten Fußweg

65_DIE KOSTENLOSEN TOILETTEN

Machen wir es kurz: Es besteht Handlungsbedarf

Wohl kaum ein Land der Welt tut sich so schwer wie Deutschland, kostenlose Toiletten anzubieten. Immer wieder sind Bekannte aus anderen Regionen dieser Welt verwundert, wenn sie mitbekommen, dass die meisten öffentlichen Toiletten hier Geld kosten. Die gepflegten sogar richtig gutes Geld – hier fällt schnell mal ein Euro an. Immerhin: Manche machen für kleine Kinder eine Ausnahme. Muss allerdings eine erwachsene Person mit hinein – das Kind waschen, umziehen, was halt mal so passieren kann –, gibt es keinen solchen Familienbonus.

Hier der Lichtblick: In Heidelberg gibt es ein paar gute Möglichkeiten, umsonst auf die Toilette zu gehen. Schloss und Bergbahn gehören dazu, und hier sind die barrierefreien Toiletten sogar großartig gepflegt. An der Neckarwiese finden sich gleich mehrere kostenlose Toilettenhäuschen, einige haben auch eine Wickelmöglichkeit. Auch in die öffentlichen städtischen Gebäude wie Rathaus und Stadtbücherei kann man schnell mal flitzen. Als direkter Dienst an den Familien der Stadt, sozusagen. Und die Mensen der Universität und die Museen sind ebenfalls gute Anlaufstellen. Leider kommt dann nicht mehr viel, und Eltern kleiner Kinder müssen in Notsituationen auf private Betriebe ausweichen. Achtung: Das Café- und Restaurantpersonal in der Altstadt verdreht gern mal die Augen, wenn man nicht wenigstens einen Kaffee vor Ort trinkt.

Adresse zum Beispiel in der Mensa des Studentenwerks, hier gibt es neben kostenlos nutzbaren Toiletten auch eine Wickelmöglichkeit, Grabengasse 14, 69115 Heidelberg // **ÖPNV** Bus 31, 32, Haltestelle Universitätsplatz // **Öffnungszeiten** Mo–Do 8–17 Uhr, Fr 8–15 Uhr

TIPP: Nicht nur im Punkt Toiletten und Wickelmöglichkeiten ist Heidelberg für Eltern eine Herausforderung. Die vielen Stufen der Altstadt machen es für Kinderwägen schwer. Hier hilft das großartige, kostenlos nutzbare Projekt wheelmap.org. Es zeigt, wo Eltern barrierefrei mit Kinderwägen durchkommen – und wo sie sich auf Schwierigkeiten einstellen müssen.

66_DAS KURPFÄLZISCHE MUSEUM

Auf den Spuren der ersten Siedler Heidelbergs

Den Oberschenkelknochen eines Mammuts bewundern, wie die Römer auf dem Triclinium ruhen, an der Discovery Station über das Heidelberg der Vergangenheit fliegen: Das Kurpfälzische Museum ist auf jüngeren Besuch gut eingestellt. Mit einem speziellen Audioguide durchstreifen Kinder die Räume und entdecken archäologische Funde, Modelle alter Klosteranlagen oder die Brückenpfeiler der römischen Neckarbrücke. Ein detailgetreues, meterlanges Modell zeigt, wie sie einmal ausgesehen haben muss.

Die Einweihung des Kurpfälzischen Museums fand 1908 im Barockpalais Morass statt, dem heutigen Kernhaus. Da die Sammlung aber durch Funde, gestiftete Gegenstände und private Sammlungen immer weiter wuchs, reichte der Platz schnell nicht mehr aus. Ein großer Neubau enthält nun die Gemälde, eine Wechselausstellung und, für Kinder am spannendsten, die archäologischen Funde. Und die sind mehr als einen Besuch wert! So wie die beeindruckende Jupitersäule, die erst vor wenigen Jahren in Neuenheim gefunden wurde. Oder germanische und keltische Stücke, die man beim Altklinikum entdeckt hat. Damit vor allem Kinder auch bildlich erfahren können, aus welchen Zeiten die Funde stammen, hat das Museum zusammen mit einer Firma die Discovery Station entwickelt: Zeit auswählen und losfliegen – über römische Kastelle, über keltische Hütten, über den Neckar und die heutige Altstadt vor 2.000 Jahren.

Adresse Kurpfälzisches Museum, Hauptstraße 97, 69117 Heidelberg // **ÖPNV** Bus 31, 32, 35, Haltestelle Kongresshaus, danach circa fünf Minuten Fußweg // **Öffnungszeiten** Di–So 10–18 Uhr // alle Altersstufen

TIPP: Unbedingt auch nach den regelmäßigen Angeboten für Kinder wie der Malstube fragen!

67_DIE LANDES-STERNWARTE

Auf der Suche nach Extragalaktischem

»Remember to look up at the stars and not down on your feet. Try to make sense of what you see and wonder about what makes the universe exist.«

Der unvergessene Astrophysiker Stephen Hawking hatte ein – in seinen Worten – einfaches Ziel: Er wollte verstehen, wie das Universum funktioniert und warum es eigentlich überhaupt existiert. Dazu, so war seine feste Überzeugung, müssen wir hochschauen: in die Weite des Universums, in die Sterne, in unsere eigene Entstehungsgeschichte. Seit 1898 wird das in der Landessternwarte auf dem Königstuhl gemacht. Die Forschungssternwarte gehört heute zur Universität Heidelberg. In den unter Denkmalschutz stehenden Gebäuden wurden bis in die 50er Jahre hinein über 800 neue Kleinplaneten entdeckt. Seitdem hat sich der Forschungsschwerpunkt verschoben – die Mitarbeitenden beschäftigen sich unter anderem mit der extragalaktischen Astrophysik, suchen nach heißen Sternen und beteiligen sich an internationalen Projekten der Europäischen Raumfahrtbehörde und der NASA.

Mit der Unterstützung der Astonomieschule e.V. bietet die Landessternwarte Führungen auch für kleinere Gruppen an. Sie starten mit einer Besichtigung der Sternwarte und ihrer beeindruckenden historischen Teleskope. Auf dem Planetenweg können Kinder die Größe unseres Sonnensystems erlaufen, und auch Beobachtungsabende sind bei klarem Himmel nach Sonnenuntergang möglich. Für Kindergruppen, die einen Geburtstag feiern möchten, gibt es spezielle Angebote. Preise bitte bei der Landessternwarte erfragen.

TIPP: Die Landessternwarte ist nicht weit vom Gipfel mit seinen Wanderwegen und Waldspielplätzen entfernt.

Adresse Landessternwarte Heidelberg, Königstuhl 12, 69117 Heidelberg // **ÖPNV** Bus 30, 39, Haltestelle Sternwarte // **Öffnungszeiten** Führungen nach Anfrage via www.lsw.uni-heidelberg.de // alle Altersstufe, empfohlen ab circa vier Jahren

68_DER LESESAAL

Lesen, Spielen und Entspannen

Büchereien waren in meiner Kindheit nicht unbedingt Orte, zu denen Kinder selbstverständlich mitgenommen wurden. Eine kleine Spielkiste und ein paar Comics stellten häufig den einzigen Kinderbereich dar, und mit etwas Glück fanden wir bei den »neuen Medien« ein paar Kassetten von »Die drei ???«. Die konnten wir uns nämlich dort anhören – im zugigen Eingangsbereich der Stadtbücherei. Überall, wo es etwas gemütlicher schien, waren Spielen und Reden nicht erwünscht. Das lauteste Geräusch kam von alten Holzdielen, die bei den Schritten der sich andächtig bewegenden Erwachsenen etwas schwermütig seufzten. Verstaubt und etwas muffig kam mir unsere Bücherei vor, auch wenn ich sie dennoch sehr liebte.

In der Heidelberger Stadtbücherei wird den Kindern wesentlich mehr geboten. Ein großzügiger Bereich, von halbhohen Regalen umgeben, lädt zum Lesen und Spielen ein. Alles ist farbenfroh und gemütlich gestaltet, und ein eigenes kleines Veranstaltungsangebot bietet viel Abwechslung. Natürlich soll auch hier Rücksicht auf andere genommen werden. Aber die Atmosphäre des Lesesaals, die Möglichkeiten für Kinder, verschiedene Medien kennenzulernen und auszuleihen – da erinnert nichts an eine Zeit, in der Kinder in Bibliotheken vor allem als Ruhestörung wahrgenommen wurden.

Während des Corona-Jahres 2020 fanden einige Veranstaltungen und Lesungen digital statt – möglich, dass das Angebot teilweise beibehalten wird. Aktuelle und kindgerecht aufbereitete Infos finden alle auf den Seiten der Kinderbücherei.

TIPP: Im anliegenden Stadtpark gibt es einen kleinen Ententeich und verschiedene schön gestaltete Spielgeräte. So können größere Kinder auch mal allein stöbern, während das Geschwisterkind draußen tobt.

Adresse Stadtbücherei Heidelberg, Poststraße 15, 69115 Heidelberg // ÖPNV Straßenbahn 5, 21, 23, 26, Haltestelle Stadtbücherei // Öffnungszeiten Di–Fr 10–20 Uhr, Sa 10–16 Uhr, Ausweise und Ausleihen der Kinder- und Jugendmedien ist für Kinder kostenlos // alle Altersstufen

69_DIE LINIE 5

Rundreise mit der Straßenbahn

Bei aller Liebe zur Stadt: Manchmal möchte auch die Region erkundet werden. Kostengünstig die Perspektive erweitern klappt mit der Linie 5 des RNV. Die Straßenbahn fährt eine großzügige Runde, über Weinheim und Mannheim wieder nach Heidelberg zurück. So ein Ausflug ist absolut wetterfest und in den neuen Bahnen sogar klimatisiert. Trotzdem lohnt es sich auch, nach den historischen Bahnen Ausschau zu halten, sofern kein Kinderwagen mitmuss. Die als Hochflurfahrzeuge auf den Fahrplänen gekennzeichneten Bahnen sind rot-weiß und geben durch die erhöhten Sitze noch etwas mehr Überblick. Da fühlen sich Großeltern an ihre Ausbildungsjahre erinnert, als die alten Straßenbahnen zu beinahe jedem Stadtbild gehörten.

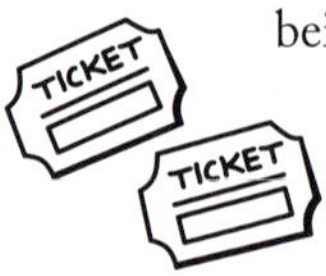

Eine Rundfahrt dauert etwas über zwei Stunden. Die Ringbahn fährt etwa alle 20 Minuten den vollständigen Ring. Von Heidelberg aus empfehle ich die Bahn, die erst über Handschuhsheim und Dossenheim nach Weinheim fährt. Nach den Stopps in Weinheim und Viernheim geht es in dieser Richtung nämlich von Norden her nach Mannheim hinein – über die Neckarbrücke, die Neckarstadt Ost mit den Quadraten verbindet. Die Bahn hält dann in der Innenstadt direkt aufs Schloss zu, bevor sie über den Hauptbahnhof und Seckenheim die Rückreise antritt. Straßenbahnbegeisterte Kinder und Erwachsene brauchen keine weitere Beschäftigung während der Fahrt. Dafür gibt es viel zu viel zu entdecken. Für alle anderen ist es gut zu wissen, dass Snacks und Getränke in der Bahn grundsätzlich erlaubt sind.

Adresse Linie 5 des RNV, Abfahrt zum Beispiel am Bismarckplatz, bei der Stadtbücherei oder am Hauptbahnhof, mit Zwischenhalt in Mannheim lohnt sich ein Tagesticket, www.vrn.de // alle Altersstufen

TIPP: Die myVRN-App erlaubt das genaue Berechnen der gefahrenen Strecken. In Mannheim lässt sich natürlich auch hervorragend stoppen. Ich empfehle einen schockierend kalorienreichen Besuch bei der Waffleria. Sie liegt genau auf der Strecke, Haltestelle Marktplatz.

70_DIE MAMMUTBÄUME

Gewaltige Exoten mitten im kleinen Odenwald

Laut irgendeiner Statistik gehen Menschen in Deutschland pro Jahr zwischen sieben und neun Mal in den Wald. Sollte diese Zahl stimmen, ist der Wald dramatisch unterbesucht. Und das, obwohl er in Heidelberg so nah ist wie in kaum einer Stadt dieser Größe. Der kleine Odenwald mit seinen Gipfeln Königstuhl und Heiligenberg, die sich zu beiden Seiten des Neckars erheben, ist das perfekte Naherholungsgebiet. Er gibt verlorene Energie zurück, beruhigt Körper und Geist, spendet Luft und Kühle.

Auf der Sprunghöhe, nicht weit vom Gipfel des Königstuhls entfernt, ist das Arboretum I zu finden. Hier stehen zahlreiche Mammutbäume auf einem abschüssigen Pfad. Die aus Nordamerika bekannten Sequoia mit ihrem rötlichen Holz und den gigantischen Ausmaßen wuchsen vor vielen Millionen Jahren auch bei uns – damals natürlich noch in ganz anderem Klima. Heute sind sie Exoten in den heimischen Wäldern, fremdartig und beeindruckend. Vom großen Tisch beim Totempfahl hat man den besten Blick auf die wundervollen Riesen. Wer dem Weg nach unten zum größten der Bäume folgt, erlebt eine weitere Überraschung: Ein Kreis aus Stämmen umgibt den mächtigsten der Sequoia. Der Kreis ist nicht etwa ein mystischer Bannzirkel, sondern zeigt den Durchmesser des größten bekannten Mammutbaums der Erde an. Dieser steht in Kalifornien und trägt den Namen »General Sherman«. Für die Kinder fast unvorstellbar groß, reichen sie doch zu dritt gerade mal etwa ein Fünftel um den dicksten Mammutbaum im Heidelberger Wald herum.

Adresse Arboretum I, Sprunghöhe, 69117 Heidelberg // **ÖPNV** Bus 39, Haltestelle Speyerer Hof, anschließend circa 20 Minuten Fußweg // **Öffnungszeiten** immer // alle Altersstufen

TIPP: Auf dem Weg zu den Mammutbäumen liegt die Rhododendronanlage. Im Mai blühen die dicht stehenden Büsche und begeistern Groß und Klein. Ein schmaler, nicht kinderwagengeeigneter Pfad führt durch die Pracht.

71_ DER MARONENWEG

Saisonal, regional, phänomenal

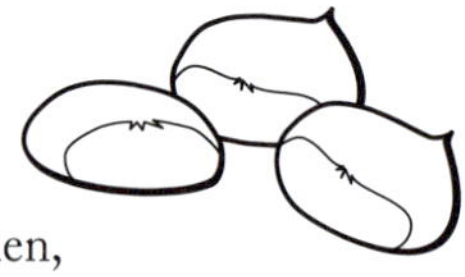

Welches Kind hat noch nie die herrlich duftenden, gerösteten Maroni auf dem Weihnachtsmarkt probiert? Ab Ende September sind die Esskastanien, auch als Edelkastanien bezeichnet, reif. Schon im Oktober stehen daher die ersten Verkäuferinnen mit ihren Ständen in der Altstadt und rösten die Maroni live vor erwartungsvollen Augen.

Zu wenige wissen, dass sich die Kastanienbäume, die eigentlich im Süden Europas beheimatet sind, auch in der Kurpfalz sehr wohlfühlen. Es gibt in Heidelberg gleich mehrere Stellen, die sich zum Sammeln der kleinen, stacheligen Igelchen mit leckerem Inhalt eignen. Der beste Ort ist für mich der Maronenweg etwas oberhalb der Thingstätte auf dem Heiligenberg. Hier purzeln die Maroni, noch in ihrer grün-bräunlichen Verkleidung, munter von den hohen Bäumen und liegen dann einfach so am Rand des Weges. Schnell ist hier die mitgebrachte Tüte voll, begleitet von gelegentlichem »Aua« einer etwas übereifrigen Hand. Nach nur wenigen hundert Metern kommt ein Knick, und der Weg führt zurück in Richtung Parkplatz auf dem Heiligenberg. Zu Hause können die Maroni dann selbst im Ofen geröstet werden.

Und falls es keine gerösteten Esskastanien sein sollen: Für eine gute Maronencreme benötigen kleine Küchenhelfer 500 g Maronen mit Schale, 300 ml Wasser, 180 g braunen Zucker, das Mark von zwei Vanilleschoten, ein TL Zimt. Die geschälten und gehäuteten Maroni 15 Minuten kochen und pürieren, alles andere hinzugeben und etwa 20 Minuten einkochen. Ergibt eine Art Maronen-Nutella. Lecker!

Adresse Maronenweg bei der Thingstätte, 69121 Heidelberg // **ÖPNV** Bus 29, 31, Haltestelle Lutherstraße, von dort aus mindestens eine halbe Stunde Fußmarsch (1,8 Kilometer), alternativ fährt im Sommer der Bus 38 auf den Heiligenberg // alle kastanienliebenden Altersstufen

TIPP: Das Gelände und die Wanderwege vom Waldkinder Heidelberg e.V. liegen auf dem Rückweg vom Heiligenberg. Statt links nach Handschuhsheim einfach rechts abbiegen und noch einen Spaziergang machen.

72_DAS MEHRGENERATIONENHAUS

Gelebtes Miteinander im Schweizer Hof

Im westlichen Rohrbach wird auch heute noch jede Menge neue Wohnfläche erschlossen. Leider entstehen dabei oft etwas standardmäßig aussehende Mehrfamilienhäuser, in denen alle für sich wohnen. Da ist das Projekt des Mehrgenerationenhauses ein großartiger Lichtblick.

Seit 2007 lebt das Mehrgenerationenprojekt Heidelbergs im alten Schweizer Hof, einer Gaststätte von 1900. Die unteren Stockwerke wurden zum Treffpunkt für die gesamte Nachbarschaft, mit Café, dem LUULA (einem Leih- und Umsonstladen), Spielflächen, einer Kinderkrippc, Büroräumen und einigem mehr. In den oberen Stockwerken und den Nachbargebäuden entsteht ein Mehrgenerationen-Wohnprojekt.

Das Mehrgenerationenhaus ist für alle offen – und das meinen die Koordinatorin des Projekts, Team und Bewohnende genau so. Im alten »Streiklokal« gibt es günstig Tee und Kaffee sowie einen Mittagstisch. Das WLAN ist gratis, und wer Klavier spielen möchte, kann dies gern tun. Für Kinder gibt es auf dem Gelände gleich mehrere Spielmöglichkeiten, und ein stetig wachsendes Programm aus Theatervorführungen, offenen Bandproben und Kursen lädt dazu ein, bei der nächsten Gelegenheit wiederzukommen. Aufeinander achten und miteinander (gut) leben: Hier wird es vorgemacht!

Adresse Mehrgenerationenhaus Heidelberg, Heinrich-Fuchs-Straße 85, 69126 Heidelberg // ÖPNV S 3, S 4 oder Bus 33, Haltestelle Heidelberg Kirchheim/Rohrbach, danach circa vier Minuten Fußweg // Öffnungszeiten offener Treff täglich 9–17.30 Uhr, Veranstaltungen, Kurse und Preise auf mgh-heidelberg.de // alle, wirklich alle Altersstufen

TIPP: Über die Brücke beim Mehrgenerationenhaus geht es nach Kirchheim. Die erste Straße rechts führt direkt zum Hofladen des Gemüse- und Obstanbaus Pfisterer. Sehr herzliches Personal verkauft hier saisonales Obst und Gemüse sowie leckere Direktsäfte.

73_ DAS MICHAELS-KLOSTER

Gruseleffekt in der Ruine

In der Nähe der berühmten Thingstätte (siehe Ort 94) finden sich die Überreste eines Benediktinerklosters, das im 11. Jahrhundert anstelle einer älteren Kultstätte erbaut wurde.

Wer sich im Kurpfälzischen Museum das detailreiche Modell des Michaelsklosters ansieht, bekommt eine gute Vorstellung davon, wie beeindruckend der Bau, der seit 1537 als verlassen galt und dann verfiel, ursprünglich war. Warum das Kloster aufgegeben wurde, ist unbekannt. Allerdings ist der vorherige Einsturz des Glockenturms überliefert. Im Anschluss diente das verfallende Gemäuer den in der Nachbarschaft ansässigen Bauern viele Jahrhunderte als Steinbruch. Die beiden Türme im westlichen Teil der Anlage sind erhalten und teilweise restauriert, damit sie bestiegen werden können. Von hier oben sieht man die gesamte Anlage und kann weit in die Ebene schauen. Bei guter Witterung lassen sich sogar die Vogesen erahnen. Allerdings erfordert der Aufstieg etwas Mut: Der erste Abschnitt des Turms ist so dunkel, dass die Stufen und der Handlauf gerade noch so zu erkennen sind. Eine Taschenlampe oder ein Smartphone schaffen Abhilfe. Ist beides nicht zur Hand, einfach vorsichtig klettern – nach der nächsten Biegung wird es wieder heller. Noch etwas zum Gruseln gibt es, wenn alle wieder den festen Boden der ehemaligen Basilika unter den Füßen haben. Der Legende nach sollen nämlich drei Mönche im Jahr 1503 unter dem einstürzenden Glockenturm begraben worden sein. Ob sie dennoch ihre Ruhe gefunden haben …?

TIPP: Der Weg vom Michaelskloster führt rechts zum Tor des Inneren Ringwalls, der verfallenen Befestigungsanlage der Kelten. Hier ist ein kleines Steinfeld zu finden, auf dem ein eigener Turm hinterlassen werden kann.

Adresse Klosterruine St. Michael, Auf dem Heiligenberg 1, 69121 Heidelberg // **ÖPNV** Bus 29, 31, Haltestelle Lutherstraße, von dort aus mindestens eine halbe Stunde Fußmarsch (1,8 Kilometer), alternativ fährt im Sommer der Bus 38 auf den Heiligenberg // **Öffnungszeiten** Di–So 9–18 Uhr // alle unerschrockenen Altersstufen

74_MINIGOLF MAL ANDERS

Indoor-Golfen mit Partybeleuchtung

In einer unscheinbaren Halle mitten in einem Gewerbegebiet ist eine ganz besondere Idee zur Freizeitgestaltung untergebracht: das GleamGolf. »Hey, Minigolf ist ja schon super, aber weißt du, was noch cooler wäre?« – »Was denn?« – »Minigolf im Dunkeln!« So in etwa könnte der Dialog der Begründer verlaufen sein. Und weil es in der Dunkelheit etwas schwierig ist, mit einem kleinen Golfball ein ebenso kleines Loch zu treffen, leuchten Ball und farbenfrohe Dekoration in allen Neon-Nuancen, die das an den Decken angebrachte Schwarzlicht so darstellen kann. Das ist dann auch mal leicht desorientierend und verwirrt die Sinne, aber Kinder, die Spaß an spannenden Effekten und knallbuntem Licht haben, kommen hier voll auf ihre Kosten.

Der Parcours ist nicht zu einfach und nicht zu schwer, die Schläger liegen gut in der Hand, und durch die ungewohnte Beleuchtung und die 3-D-Brillen haben Kinder unterschiedlichen Alters und Geschicks trotzdem ähnliche Startbedingungen. Soll heißen: Hier lässt auch die fünfjährige Schwester den großen Bruder mal alt aussehen, wenn sie den Ball unter neongrüner Wandbemalung lässig die Rampe hochschickt. Oder wenn zwischenzeitlich die Regeln geändert werden und alle statt Minigolf plötzlich Billard spielen müssen. Die Bilder auf den Böden und an den Wänden entführen in knallig bunte Dschungel, eine Unterwasserstation inmitten von Haien und tropischen Fischen sowie andere Phantasiewelten. Und nach circa eineinhalb Stunden Minigolf-Parcours kehren alle in das wohltuend blasse und unaufgeregte Tageslicht zurück.

TIPP: Ältere Kinder verschwinden eventuell direkt nach der Ankunft auf magische Weise in der Halle nebenan. Ab zwölf Jahren kann dort nämlich LaserTag gespielt werden.

Adresse GleamGolf, Maybachstraße 6, 69214 Eppelheim // **ÖPNV** Straßenbahn 22, Haltestelle Eppelheim Rathaus, ab da circa 15 Minuten Fußweg // **Öffnungszeiten** Mo–Do 15.30–22 Uhr, Fr 15.30–23 Uhr, Sa 10–24 Uhr, So 12–22 Uhr, Reservierung unter Tel. 06221/9985650 oder online auf world-of-gleamgolf.de // alle Altersstufen, empfohlen ab circa fünf Jahren

75_DER MODELLFLUGCLUB

Träume vom Fliegen

Auch besonders ambitionierte Papierflugzeugfalterinnen stoßen an ihre Grenzen, wenn Kinder sich plötzlich für das Fliegen begeistern. Auf die Frage »Warum fliegt ein Flugzeug überhaupt?« antwortete ich mal ebenso enthusiastisch wie uninformiert: »Magie, Kinder!« Das kann natürlich nicht so stehen bleiben. Also auf zum Modellflugclub Heidelberg! Seit 1978 gibt es den eigenständigen Verein. Von seiner etwa 20.000 Quadratmeter großen Freifläche, zwischen den Bergen Dossenheims und dem Neckar, erheben sich die beeindruckendsten Modelle in die Luft.

Der Modellflug ist eine amtlich anerkannte und geförderte Sportart. Wildes Herumfliegen geht heute nicht mehr, aber der in Eigenarbeit entstandene Platz des Modellflugclubs ist ein zugelassener Start- und Landeplatz für die Mitglieder. Diese bauen ihre Modelle selbst und steuern sie später auch. Wie viele Arbeitsstunden in jedem Modell stecken, kann wohl nur erahnt werden! Ein Besuch beim Modellflugclub lohnt sich vor allem zu den Veranstaltungen, an denen auch Piloten anderer Vereine teilnehmen. Dann ist die Rasenfläche voller unterschiedlichster Segel- oder Elektroflugzeugmodelle, und die Mitglieder der Vereine lassen sich technische Fragen zu Bau und Ausstattung stellen. Für Kinder gibt es während der Sommerferien ganz besondere Angebote: Sie können eigene Modelle basteln, etwas über Thermik, Auftrieb und die richtige Aerodynamik lernen und auch mal probeweise die großen Modelle halten. Flugzeiten und Veranstaltungen am besten einfach erfragen. Oder immer mal wieder vorbeischauen.

TIPP: Ein anschließender Ausflug nach Dossenheim lohnt sich. Hier führen schöne Wanderwege die Berge hinauf.

Adresse Modellflugclub 56/78 Heidelberg e.V., 69121 Heidelberg // **Anfahrt** über die A 5, Ausfahrt 36 nach Dossenheim, dann rechts halten // **Öffnungszeiten** Veranstaltungen und Informationen unter www.mfc-heidelberg.de // alle Altersstufen

76_DIE NECKARAUEN

Mit dem Rad in die Natur

Aus Bergheim hinaus Richtung Wieblingen führt ein Radweg direkt am Neckar entlang. Kurz biegt er in die Ortschaft ab, dann geht es wieder rechts Richtung Fluss. Nur wenig später beginnen die Neckarauen.

Hier, im Alt-Neckar, fließt das Wasser träger als im benachbarten Teil, der vor allem dem Schiffsverkehr dient. Wiesen fallen zum Ufer hin ab, und einige Obstbäume säumen den Weg. Ab den ersten warmen Tagen im Frühling sind die Neckarauen gut besucht. Trotzdem findet sich vor allem unten am Ufer immer noch ein ruhiges Plätzchen. Zwischen den Bäumen kann man die Füße ins Wasser halten, Enten beobachten und die Seele baumeln lassen. Oder sich mit den Kindern Wettbewerbe im Steineflippen liefern – falls dabei keine Enten gestört werden. Das Landschaftsschutzgebiet ist außerdem wunderbar geeignet zum Kanufahren. Die Neckarauen sind als Naturschutzgebiet allerdings kein Ort zum Schwimmen.

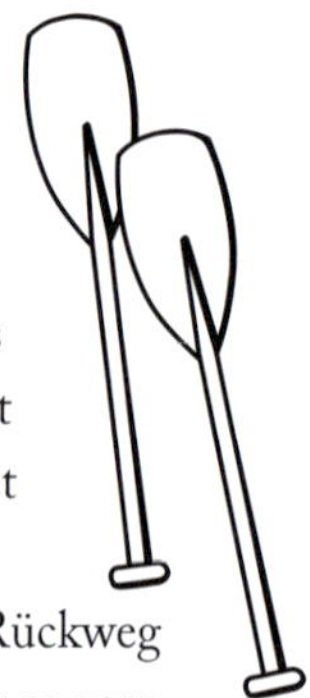

Ein anschließendes Picknick auf den Wiesen und der Rückweg mit dem Fahrrad nach Hause sind wie ein Kurzurlaub. Wer es gern sportlicher möchte, kann dem Radweg über Edingen und Neckarhausen folgen und mit der Fähre nach Ladenburg übersetzen. Von dort aus führt ein Radweg am neueren Teil des Neckars entlang und am Stauwehr (siehe Ort 87) vorbei. Die Wege sind überwiegend Rad- und Wanderwege und alle gut befahrbar. Da sowohl auf dem Hin- als auch auf dem Rückweg zwei Abschnitte durch die Stadt führen, sollten die Kinder bereits sicher im Straßenverkehr sein.

TIPP: Auf dem Weg durch Wieblingen Richtung Neckarwiese ist linker Hand der Ortskern mit Bäcker und Geschäften. Hier lässt sich spontan noch etwas Reiseproviant kaufen.

Adresse Naturschutzgebiet Unterer Neckar, Altneckar Heidelberg-Wieblingen, Neckarhamm 50, 69123 Heidelberg // ÖPNV Linie 5, Haltestelle Wieblingen Mitte, danach circa 20 Minuten Fußweg // Öffnungszeiten tagsüber // alle Altersstufen

77_DAS NECKARUFER

Neue und alte Wege direkt am Fluss

Bis auf das fehlende Meer hat Heidelberg ja wirklich alles. Und mit dem zahm dahinfließenden Neckar gibt es auch noch ein Naherholungsgebiet mitten in der Stadt! Leider haben die Heidelberger jahrzehntelang bei der Planung von Straßen und Wegen ihren wunderschönen Flussabschnitt nicht gut behandelt. Da, wo eigentlich breite Fuß- und Radwege sein müssten, führen Straßen entlang. Und wo Platz wäre für Liegewiesen, Beachpartys und Ballsport, ist zu oft Durchgangsverkehr.

Der Lieblosigkeit so vieler gegenüber ihrem schützenswerten Lebens- und Freiraum setzt seit 2017 der Verein »NeckarOrte« mächtig Aktivität entgegen. Entstanden ist der Verein aus einer Architektengruppe. Mittlerweile umfasst das ehrenamtliche Team, das von der Stadt Heidelberg unterstützt wird, auch Akteurinnen aus den Kreativbranchen. Unter dem Motto »Stadt an den Fluss« beleben sie das Flussufer, schaffen Wege und Begegnungsorte und lassen in einer Art Pop-up-Verfahren immer neue Strände entstehen. Manche Aktionen sind nicht von Dauer. Andere von Neckarorte e.V. initiierte und durchgeführte Umgestaltungen sind heute feste Bestandteile des immer schöner werdenden Neckarufers.

Da die Aktionen am Neckar wandern und der Verein ganz verschiedene Neckarorte bespielt, einfach die aktuellen Veranstaltungen vor einem Ausflug an den Fluss auf der Homepage checken oder den Newsletter abonnieren. Bei gutem Wetter kann man auch einfach mal die Neckarwiesen entlang laufen und nach den bunten Liegestühlen und einem Espressobike Ausschau halten!

TIPP: Am umgestalteten Iqbal-Ufer (südlich) steht der »Gruß an den Neckar« von Mohammed Iqbal. Eine Steintreppe dahinter führt hinab zum Fluss.

Adresse besonders schön ist zum Beispiel der kleine Strand an der Ernst-Walz-Brücke, Iqbal-Ufer, 69115 Heidelberg // ÖPNV Straßenbahn 21, 24, Haltestelle Jahnstraße // Öffnungszeiten Veranstaltungen und Neuigkeiten auf www.neckarorte-heidelberg.de // alle Altersstufen

78_DIE PARAGLIDER AM KÖNIGSTUHL

Nur selbst fliegen ist schöner

Wer oben auf dem Königstuhl für eine Weile die Aussicht über die Ebene bis hin zu den Vogesen genießt, kann bei guter Thermik den Paraglidern zusehen. Auf einem stark abschüssigen, freien Gelände, das wie eine natürliche Schanze den Berghang hinunterreicht, starten die Verrückten, die sich mit Fallschirmen über Heidelberg erheben und dann mit Blick auf das Schloss, die Stadt und die Rhein-Neckar-Ebene langsam zu Boden schweben. Ein kostenpflichtiges Fernglas, das dort oben bereitsteht, ist das Highlight für viele Kinder, und auf einem großen Baumstamm direkt vor der tollen Aussicht lässt sich gut ausruhen. Am besten einfach alles für ein kleines Picknick mitnehmen! Dann gibt es zum Paragliding-Kino sogar Snacks.

Der heute beliebte Startplatz ist erst vor einigen Jahren für Gleitschirmflieger zugelassen worden. Er wird etwas fortgeschrittenen Paraglidern empfohlen, denn das Gelände um das Heidelberger Schloss scheint nicht ganz einfach zu fliegen zu sein. Zum Glück ist das für alle Zuschauenden kein Problem – für das Beobachten der tollkühnen Paraglider ist kein Schein und keine Sicherheitseinweisung nötig. Etwas Wetterkenntnis oder das genaue Beobachten der Windrichtungen helfen allerdings bei der Einschätzung, wie viel Paragliding-Betrieb wohl zu beobachten sein wird. Orientierung gibt auch die Webcam des Vereins Kurpfälzer Gleitschirmflieger Heidelberg e.V.

TIPP: Eine schöne Rundwanderung führt von dort zum Felsenmeer und wieder zurück. Achtung: Die circa sechs Kilometer lange Strecke ist nicht ganz unanstrengend!

Adresse Gleitschirm Startplatz am Königstuhl, Königstuhl 2, 69117 Heidelberg // **ÖPNV** Bergbahn bis Königstuhl oder Bus 30, Haltestelle Sternwarte // **Öffnungszeiten** tagsüber // alle Altersstufen

79_ DER PHILOSOPHENWEG

Auf den Spuren der großen Denker wandeln

Vor dem uneingeschränkten Genuss des berühmten Heidelberger Philosophenweges steht gutes Erwartungsmanagement. »Kinder, es geht nun eine Weile bergauf. Das wird zwischendurch anstrengend« hat sich bei uns als realistische Einstimmung auf die bevorstehenden Strapazen bewährt.

Aber was für ein Ausblick belohnt die erhitzten Gesichter nach dem Anstieg! Das üppig bewachsene Philosophengärtchen unterhalb des Fußwegs ganz nah, der Neckar viel weiter unten als vermutet, die Heidelberger Altstadtkulisse auf der gegenüberliegenden Seite. Von der neuen bis zur Alten Neckarbrücke und darüber hinaus reicht das Panorama. Am Sonnenhang des Heiligenbergs blühen die exotischsten Pflanzen. Das milde Klima lässt Palmen, Granatapfel und Zitrone gedeihen, und die Bäume und Büsche blühen hier oft Wochen früher als im Tal. Auch die Bergbahn auf den Königstuhl ist gut zu erkennen, und mit etwas Glück sieht man die Paraglider von hier aus. Ein Picknick auf den beschatteten Bänken oder auf den schmalen, sonnigen Wiesen des Hanggartens sorgt für die nötige Erholung.

Der Zugang zum Philosophenweg in Neuenheim ist beschildert, aber leider etwas unscheinbar. Ambitionierte Eltern wurden schon dabei beobachtet, wie sie einen Kinderwagen dort hochschoben, wo früher Gelehrte ihren Gedanken Raum gaben. Aus Gründen der Selbstfürsorge empfehle ich, bei einem solchen Unterfangen genügend Pausen einzuplanen. Besser ist bei kleinen Kindern ein Tragerucksack, falls vorhanden.

TIPP: Eine erste kurze Rast bei der Fakultät für Physik, eine zweite beim Kletterturm halten die Kinder gut bei Laune.

Adresse Philosophenweg, 69120 Heidelberg // **ÖPNV** Straßenbahn 23, Haltestelle Brückenstraße, von dort Fußweg Richtung Neckar und links in die Ladenburger Straße // alle Altersstufen, Empfehlung: mit Kindern ab circa fünf Jahren

80_DER PUMP-TRACK

In Zusammenarbeit mit Jugendlichen entstanden

Ein Pump-Track ist eine Mountainbikestrecke, die sich durch die spezielle Anordnung der Erdhügel ganz ohne zu treten befahren lässt. Der kleine, schön angelegte Pump-Track in Rohrbach liegt hinter einem Spielplatz und ist von hohen Bäumen umgeben, spendet also abseits der Strecke Schatten. Schon Ende Februar finden Mountainbiker und BMX-Fahrerinnen den Weg hierher, um ein paar Stunts auszuprobieren oder ihr Fahrrad besser kennenzulernen. Denn der Pump-Track ist auch als Probestrecke für noch unerfahrene Radfahrer geeignet.

2017 schloss das Amt für Landwirtschaft und Forst der Stadt Heidelberg die Umgestaltung der alten BMX-Strecke ab. Nun ist es möglich, in Endlosschleife auszuprobieren, wie scharf die einzelnen Kurven genommen werden können und wie hoch die Bikes über die sanften, für alle Altersstufen geeigneten Erdhügel denn springen. Hartgesottene Eltern schauen ihrem Nachwuchs von den Bänken am Ende der Strecke zu oder fahren gleich mit und zeigen ihren Kindern, wo in Sachen Mountainbiking der Hammer hängt. Eltern, die lieber nicht so genau hinsehen, wie die eigenen Kinder auf Bäume klettern, finden auf dem nahe gelegenen Spielplatz ein Angebot für die kleinen Geschwister oder eine Bank etwas jenseits des Pump-Track-Trubels. Ganz besonders schön am Rohrbacher Offroad-Radfahren ist aber auch, wie der Pump-Track entstanden ist: Unter den vielen Projektbeteiligten war nämlich auch die Fahrrad-AG der Internationalen Gesamtschule Heidelberg. Ihr Schulgelände liegt in unmittelbarer Nähe.

Adresse Pumptrack Rohrbach, Birkenweg 15, 69124 Heidelberg // ÖPNV S-Bahn S 3, S 4, Haltestelle Heidelberg-Kirchheim/Rohrbach, von dort aus circa sechs Minuten Fußweg // Öffnungszeiten immer // alle Altersstufen

TIPP: Der Pump-Track liegt nah am Rohrbacher Sportzentrum mit Fußballplatz. Vor allem in den Sommermonaten kann man am Rand des Platzes die Fußballbegeisterten des größten Heidelberger Sportvereins beobachten.

81_DER PUSTEFIX-BÄR

Laugige Kindheitsträume in der Hauptstraße

Wer kennt und liebt sie nicht, die wunderbare Welt der Seifenblasen – wahlweise aus der Kindheit oder von Hochzeiten. In Heidelberg lässt sich immer von April bis September ein besonders possierliches Exemplar der Gattung Seifenblasus Herstellerus besichtigen. Die Rede ist natürlich vom Pustefix-Bär, der sich an der Ecke Hauptstraße/Märzgasse befindet.

Um diesen zottligen Gesellen ranken sich etliche Legenden in der Heidelberger Stadtgesellschaft: Mal heißt es, der Bär durfte nach einem Umzug nicht wieder aufgestellt werden, weil die Herstellerfirma etwas einzuwenden hatte. Dieser Mythos konnte zum Glück widerlegt werden. Ein anderes Mal war zu hören, dass die originale Seifenlauge zu teuer gewesen sei und deshalb der Bär ganz streng genommen gar kein »Pustefix-Bär« ist. Hier streiten sich die Geister, ob da etwas dran sein könnte. Traditionell gewährt übrigens das jeweilige Ladengeschäft dem Seifenblasenproduzenten Asyl, zwischenzeitlich findet er jedoch auch, organisiert vom Heidelberger Stadtmarketing, eine Zuflucht auf dem Balkon einer privaten Mietwohnung. Diese gewohnte und seit vielen Jahren den Bären beheimatende Stelle ist übrigens ganz entscheidend: Es gibt nämlich mittlerweile einen zweiten Pustefix-Bären in Heidelberg, anscheinend sogar mit der offiziellen Genehmigung des Herstellers. Doch auch wenn der Standort des zweiten Bären bekannt ist (Neckarmünzplatz), so geht doch nichts über den echten Bären an seinem angestammten Platz.

Adresse Pustefix-Bär, Hauptstraße 78, 69117 Heidelberg // **ÖPNV** Straßenbahnen 5, 9, 21, 22, 23, 26, Bus 29, 32, 33, 34, 35, 39, Haltestelle Bismarckplatz, von dort aus ungefähr zehn Minuten Fußweg // **Öffnungszeiten** April–Sept., der Bär pustet vor allem bei schönem Wetter tagsüber // alle Altersstufen

TIPP: Bei der Touristen-Information Heidelberg gibt es eine spezielle Heidelberg-Edition der Pustefix-Seifenlauge.

82_DIE RALLYE DURCH DIE ALTSTADT

Heidelberg auf eigenen Plan entdecken

Zu wenige Heidelberger Familien wissen von seiner Existenz: Der Kinderstadtplan, den das Kinder- und Jugendamt zusammen mit Designer Hans-Jürgen Fuchs entwickelte, ist ansprechend gestaltet und komplett gratis zu bekommen. Neben verschiedenen Routen, auf denen Kinder sich die Altstadt selbst erlaufen können, gibt er kindgerecht einen kleinen geschichtlichen Überblick. Eine extra für Kinder erdachte Rallye macht den meist nur auf elterlichen Vorschlag unternommenen Altstadtbummel interessant und zeigt, wo es überall etwas Spannendes zu entdecken gibt.

2015 wurde der Plan neu aufgelegt – mit Hilfe eines jungen Testteams »nah an der Zielgruppe«, wie man im Marketing so schön sagt. Die Kinder und Jugendlichen verbrachten einen Teil ihrer Sommerferien damit, die Rallye zu verbessern und Neues in den Plan einzuzeichnen. Seitdem sind auch Radrouten durch die Innenstadt vermerkt, und ein paar schöne Erlebnistipps über die Altstadt hinaus haben ebenfalls ihren Weg in den Plan gefunden. Wer auf eines der Bürgerämter geht oder in der Stadtbücherei nachfragt, erhält den Kinderstadtplan kostenlos ausgehändigt. Und wer nicht bis zum nächsten Behördengang oder Büchereibesuch warten möchte: Der kleine Rundgang durch die Altstadt, der mit etwa zwei Stunden veranschlagt wird, kann auch heruntergeladen werden. Ein toller Service für Familien – und neben den verschiedenen Ferien-, Freizeit- und Bildungsangeboten etwas, das völlig unkompliziert und zeitlich komplett unabhängig genutzt werden kann.

TIPP: Ebenfalls auf heidelberg.de zu finden: Kinderwegepläne – für Schulwege und erste unbegleitete Ausflüge super!

Adresse Startpunkt der Rallye: Bismarckplatz, 69115 Heidelberg, Kinderstadtplan der Stadt Heidelberg auf www.heidelberg.de - Leben - Menschen - Kinder / Download und Infos zum Kinderstadtplan im unteren Bereich der Seite // ÖPNV Straßenbahn Linien 5, 9, 21, 22, 23, 26 und Bus 29, 32, 33, 34, 35, 39, Haltestelle Bismarckplatz // empfohlen von sechs – 14 Jahren

83_DAS RAUBTIERGEHEGE

Auf Großwildsafari mitten im Rhein-Neckar-Gebiet

Vegetarierinnen wie ich tun sich mit der Idee eines Zoos eher schwer. Wer Tiere nicht essen möchte, findet es ähnlich doof, wenn sie eingesperrt werden. Denn artgerecht bedeutet Freiheit, um mir die Worte der Autorin Hilal Sezgin zu leihen. Andererseits – und hier wird es kompliziert – bietet ein Zoo die Möglichkeit, Tiere kennenzulernen, die wir sonst nicht sehen würden. Nicht alle Kinder haben die Möglichkeit, eine Safari in Afrika zu machen oder im Nordatlantik auf Robbensuche zu gehen. Geschweige denn einem indischen Tiger in freier Wildbahn gegenüberzustehen. Wobei von einer solchen Begegnung auch abzuraten wäre.

Bei den stark bedrohten Arten wird es noch komplizierter: Einige Tierarten wären nämlich ohne Tierhaltung und Zoos bereits ausgestorben. So zum Beispiel die Berberlöwen. Diese majestätische Löwenart ist seit circa 100 Jahren in freier Wildbahn ausgerottet. Im Heidelberger Zoo sind die wunderschönen Raubkatzen in einem 2019 eröffneten Gelände aus verschiedenen Perspektiven zu beobachten: Ein Turm ermöglicht den Blick von oben, und ein halb im Gehege parkender Jeep vermittelt den Eindruck, den Löwen ganz nah zu sein. Rückzugs- und Spielmöglichkeiten machen das Leben im Zoo für die Löwen hoffentlich nicht langweilig.

Durch die ansprechend gestaltete Anlage erhofft sich der Zoo auch, bald Berberlöwen-Nachwuchs zu haben. Wir drücken also die Daumen für Löwenbabys.

Adresse Zoo Heidelberg, Tiergartenstraße 3, 69120 Heidelberg // **ÖPNV** Bus 31, 37, Haltestelle Zoo/Med. Klinik // **Öffnungszeiten** täglich 9–19 Uhr // alle Altersstufen

TIPP: Unbedingt auch den Streichelzoo besuchen. Die Ziegen lassen sich gern bürsten – Highlight für mutige Kinder.

84_DER RECYCLINGHOF

Überdachter Flohmarkt in Kirchheim

»Ein Recyclinghof als Ort für Kinder … nun ja …«, könnten bisher geneigte Leserinnen dieses Bandes jetzt denken. Denn auch wenn schwere Maschinen, die Holz zerkleinern, und Kräne, die Sperrmüll transportieren, durchaus spannend sind: Ein Spielplatz ist ein Recyclinghof nicht gerade.

Und so ist die Aufnahme in diesen Band auch nicht gemeint. Vielmehr ist es ein Detail des Kirchheimer Recyclinghofes, auf das ich hinweisen möchte. Die Mitarbeitenden der Heidelberger Dienste gGmbH betreiben den Hof und sind in allen Belangen ansprechbar, freundlich und hilfsbereit. Nicht mehr Benötigtes, aber noch Gebrauchsfähiges stellen sie in die große Möbelhalle. In der Halle finden sich allerlei gespendete Alltagsgegenstände, vor der Schrottpresse gerettete Möbel oder Elektrogeräte, Bücher, Spielzeug und Kleidung. Gegen einen günstigen, zugegebenermaßen eher willkürlich festgelegten Preis können die dort gelagerten Gegenstände mitgenommen werden. Gerade bei Umzügen oder Familienvergrößerung entlastet das die Haushaltskasse ungemein, denn glückliche Händchen entdecken dort auch immer wieder Bobbycars, Roller oder Sandelspielzeug. Auch für kreative Projekte und Upcycling findet sich jede Menge Material. Und nicht zuletzt kann selbst Aussortiertes einfach dorthin gebracht und gespendet werden. Ein guter Beitrag zur Ressourcenschonung, der beim Sichten und Entdecken richtig Spaß machen kann. Auch wenn der typische Flohmarktgeruch manchmal etwas arg in der Luft steht.

TIPP: Ganz in der Nähe ist das große Sportzentrum Süd mit Kletterhalle und Boulderzentrum. Unbedingt mal bei der Kletterhalle vorbeischauen – der Blick hinein lohnt sich.

Adresse Recyclinghof Oftersheimer Weg, Oftersheimer Weg 8, 69124 Heidelberg // ÖPNV Bus 33, Haltestelle Pleickartsförster Hof // Öffnungszeiten Mo–Fr 8–16 Uhr, Sa 8–15 Uhr // alle Altersstufen

85_DER RIKSCHA-SERVICE

Die schönste Stadtrundfahrt der Region

Bunt bemalt und detailreich verziert, liebevoll instand gesetzt und bis heute unmotorisiert: Die Rikschas von Ingo Fath sind in der gesamten Rhein-Neckar-Region unterwegs und echte Hingucker. So schön wie die Passagiere des Rikscha-Service wollen es die Zuschauenden auch gern haben: an der frischen Luft, leicht geschaukelt in der gefederten Rikscha, wohlbehütet von einem sympathischen Chauffeur.

Schon 1995 entschied Gründer Ingo Fath sich, einen eigenen Rikscha-Service aufzumachen. Auf einer Reise durch Indonesien lernte er die dort zum Straßenbild gehörenden Fahrradtaxis kennen. Spontan begeisterte er sich für die umweltbewussten Vehikel, nicht zuletzt wegen seiner Ausbildung im Bereich Umweltschutz. Erst nachdem er eine indonesische Rikscha erwarb, stellte sich heraus, was er in Deutschland damit machen kann. Denn die alltäglichen Taxifahrten via Rikscha, wie sie in Indonesien üblich sind – die sind bei uns bis heute eher die Ausnahme. Dafür kutschiert Ingo Fath mit seinem Team und den etwa zehn unternehmenseigenen Rikschas regelmäßig Gäste eines Kindergeburtstags, Hochzeitspaare und Betriebsausflügler durch die Stadt. Oder einfach Menschen, die sich eine ganz besondere Stadtrundfahrt wünschen. In Heidelberg besonders beliebt: die Drei-Brücken-Tour, eine Rundfahrt, die über die schönsten der Heidelberger Brücken führt und in der Altstadt endet. Etwas traurig, dass durch die angenehme Schaukelei so mancher junger Fahrgast das Ende der Tour nur schlafend erlebt …

TIPP: Der Ausblick auf die Heidelberger Altstadt von der Theodor-Heuss-Brücke aus ist grandios. Wenn es geht: Für Fotos anhalten!

Adresse Rikscha-Service Heidelberg, Infos, Buchung, Preisauskunft und Termine jederzeit auf individuelle Anfrage unter Tel. 06221/161651 oder mobil 0151/55523431

86_DER SCHLANGENWEG

Er macht seinem Namen alle Ehre

Der Schlangenweg führt direkt neben der Alten Neckarbrücke am nördlichen Flussufer den Berg hoch. Er bildet die Verbindung von Philosophenweg und Neckarufer. Seine steilen Treppen und schmalen Gänge sind nichts für Menschen mit Mobilitätseinschränkungen, und auch Kinder genießen diese Art des Aufstiegs zum Philosophenweg selten. So heißt es auch auf der Tafel neben der ersten Treppe nach oben: »Das Begehen der unregelmäßigen Treppenanlage erfordert Kondition und erfolgt auf eigene Gefahr.«

Meine Empfehlung lautet daher: Dem Philosophenweg (siehe Ort 79) folgen und dann den jähen Abfall zum Ufer über den Schlangenweg nehmen. Das ist zwar auch nichts für die Knie, aber wesentlich angenehmer für die Nerven und die Ausdauer. Schließlich will die Familie einen Ausflug und kein High Interval Training. Zusätzliches Plus: Es kommen haufenweise stark angestrengte Touristinnen entgegen, die aus Zeitgründen den Aufstieg über den Schlangenweg wählen. Mitgefühl bei gleichzeitiger Schadenfreude begleitet also den Abstieg, wählt man diese Variante.

Für alle Geschichtsbegeisterten bietet die bereits erwähnte Tafel einen historischen Überblick zum Schlangenweg. Kinder lassen sich wahrscheinlich eher mit diesem Fakt begeistern: Der Schlangenweg schlängelt sich nicht nur anmutig den Berg hinauf. In seinen Trockenmauern finden auch viele Schlingnattern einen sicheren Unterschlupf. Nur keine Sorge, die kleinen, durch ihre Zeichnung perfekt getarnten Schlangen sind in keinster Weise giftig.

TIPP: Es gibt zwei Kanzeln auf dem Weg mit steinernen Sitzbänken. Zum Ausruhen und Fotosschießen.

Adresse Schlangenweg, 69120 Heidelberg // **ÖPNV** Bus 34, Haltestelle Alte Brücke Nord, hier ist der untere Eingang zum Schlangenweg // **Öffnungszeiten** immer // alle Altersstufen, Empfehlung: mit Kindern ab circa fünf Jahren

87_DIE SCHLEUSE DOSSENHEIM

Schiffe schauen aus nächster Nähe

Sucht man im Internet nach den größten Schleusen der Region, stößt man erst einmal auf Namensverwirrungen. Denn die Kanalstaustufe ganz in der Nähe Heidelbergs heißt zwar »Schwabenheimer Schleuse«, liegt aber auf Dossenheimer Gebiet.

Bis vor Kurzem konnten Besucherinnen direkt auf den Schleusentoren stehen und den Schiffsverkehr beobachten. Bis zu 105 Meter lange Schiffe befahren den Neckar und fanden bequem in der alten Schleuse Platz. Auch die Höhe der Staustufe ist spektakulär. Flussabwärts fällt sie viele Meter in die Tiefe zur Wasserlinie ab. Auf der kleinen Insel, an der das Stauwehr liegt, führt eine Straße zum Wasserkraftwerk. Am Ufer flussabwärts lässt sich picknicken und rasten.

Doch in 2020 starteten umfassende Sanierungsmaßnahmen der Schleuse, mit deren Ende erst August 2022 gerechnet wird. Denn im Zuge der Umbauarbeiten entlang des Neckars, um ihn für noch größere Schiffe befahrbar zu machen, werden die alten Schleusentore überarbeitet oder ersetzt und die Schleusenkammern aufwendig saniert. Auch der Antrieb der Schleusentore, der zuletzt 1984 überarbeitet wurde, muss erneuert werden. Bis dahin fahren große Baumaschinen die Radwege zur Schleuse entlang, die aus Sicherheitsgründen erst einmal gesperrt bleibt. Unter der Woche aber ist der Fortschritt der Bauarbeiten auch ein Spektakel. Und auf den Zugang zur erneuerten Schleuse können sich alle schon einmal freuen.

Adresse Schwabenheimer Schleuse, Windhof 1/2, 69221 Dossenheim // Anfahrt über die A 5, Abfahrt 36 Richtung Dossenheim, dann rechts halten und geradeaus bis zur Kreuzung, hier links auf Schwabenheimer Straße, dann links auf Im Lochgewann // Öffnungszeiten nach Abschluss der Arbeiten tagsüber // alle Altersstufen

TIPP: Auch wenn bis 2022 der direkte Zugang zur Schleuse verwehrt bleibt: Allein die nahe Gaststätte »Zum Anker« mit Tierhof nebenan ist den Ausflug allemal wert.

88_DER SCHMELZPUNKT

Die besten Waffeln der Stadt

In der 1,4 Kilometer langen Hauptstraße – laut Aussage der Stadt eine der schönsten Fußgängerzonen Deutschlands – liegt der unvergleichliche Schmelzpunkt. Für uns der Abschluss langer Ausflugstage, Einkaufstouren oder Museumsbesuche und gleichzeitig ultimatives Lockmittel für Bewegungsmuffel in der Familie. Mit dem Versprechen »Danach gehen wir noch in den Schmelzpunkt« habe ich schon Kinder die 300 Stufen zum Schloss hochrennen sehen.

Das kleine Café hat nicht allzu viele Sitzplätze und ist aufgrund seiner Beliebtheit oft sehr voll. Die selbst hergestellten Eissorten und die belgischen Waffeln gibt es aber zur Not auch zum Mitnehmen. Wer drinnen oder draußen ein Plätzchen erwischt, dem seien neben den duftenden Waffeln, Brownies und Keksen und den großartigen Eissorten die verschiedenen Optionen für heiße Schokolade ans Herz gelegt. Bitte nicht das eine mit dem anderen kombinieren, sonst droht ein schwindelerregend hoher Blutzuckerspiegel, für den ich keine Haftung übernehme.

Das Erlebnis der heißen Schokolade lässt sich übrigens mit nach Hause nehmen, genau wie die unfassbar leckeren selbst gemachten Pralinen. Hier wird fündig, wer ein besonderes Geschenk für Schokoladenjunkies sucht. Das Team des Schmelzpunkts stellt alles selbst her und verwendet auch für die ausgefalleneren Schokoladen- und Eisspezialitäten ausschließlich natürliche Zutaten.

TIPP: Um die Ecke befindet sich die Providenzkirche. Dort steht Heidelbergs älteste erhaltene, sehr schmuckvolle Orgel.

Adresse Schmelzpunkt Schokolade, Hauptstraße 90, 69117 Heidelberg, www.schmelzpunkt-heidelberg.de/speisekarte // ÖPNV Straßenbahn 5, 9, 21, 23, 26 und Bus 29, 32-25, 39, Haltestelle Bismarckplatz, danach circa eine Viertelstunde Fußweg; Bus 33, Haltestelle Friedrich-Ebert-Anlage, dann circa vier Minuten zu Fuß // Öffnungszeiten täglich 11–20.30 Uhr, an einzelnen Tagen und bei schönem Wetter länger

89_DER SKATEPARK

Fake-Ollies unter der Ernst-Walz-Brücke

Direkt unter der 1928 eingeweihten Ernst-Walz-Brücke, am nördlichen Neckarufer in Neuenheim, befindet sich ein kleiner, beliebter Skatepark. Vom frühen Nachmittag an fahren hier Skater aller Alters- und Niveaustufen, während darüber der Verkehr nach Neuenheim röhrt und die Brücke bei größeren Lastwägen leicht erzittert. 2011 wurde die Anlage komplett erneuert, mit sehenswertem Ergebnis. Das Gelände kann durch seine Lage unter der Brücke auch bei Regen befahren werden und ist abends gut beleuchtet. Das Besondere: An der Umgestaltung waren neben Mitarbeitern des Landschafts- und Forstamtes auch Skater aus der Region beteiligt.

Seit einigen Jahren belebt der Verein NeckarOrte e.V. – eine Kooperation von Architekten, Künstlerinnen und Fotografen aus Heidelberg und Umgebung – das Flussufer neu. 2018 präsentierte der Verein verschiedene Ideen der Heidelberger Bürgerinnen und Bürger, wie dieser Ort für Kinder und Jugendliche noch schöner gestaltet werden könnte. Seitdem befinden sich dort einfache Sitzgelegenheiten zum Zusehen, wenn die Skaterinnen ihre wilden Sprünge in der Halfpipe vollführen. Ein kleiner Kiosk und eine Toilettenanlage sind geplant. Häufig sind Graffiti-Sprayer vor Ort und erweitern die bunte Fassadenkunst rund um die Brücke herum.

Auch geschichtlich ist die Ernst-Walz-Brücke interessant. Verschiedene Tafeln an der Brückenseite erinnern an ihre Umbenennung in »Hindenburg-Brücke«, an ihre Sprengung durch die Nationalsozialisten kurz vor Kriegsende und an ihren Wiederaufbau im Jahr 1950.

TIPP: Das nördliche Neckarufer ist ein beliebtes Ausflugsziel. Etwas flussaufwärts gibt es einen tollen Wasserspielplatz, Kletterbäume und einen Kaffee für müde Eltern.

Adresse Skatepark an der Ernst-Walz-Brücke, Iqbalufer, 69115 Heidelberg // **ÖPNV** Straßenbahn 21, 24, Haltestelle Jahnstraße // **Öffnungszeiten** immer // ab circa acht Jahren

90_DER SPRINGBRUNNEN

Wie ein Wasserfall in den Bergen

Der Adenauerplatz am Rand der Altstadt hat einiges mehr an Unterhaltungswert, als es auf den ersten Blick scheint. Denn in der Mitte des etwas unspektakulären Platzes rauscht ein fast zehn Meter hoher, monumentaler Springbrunnen stetig vor sich hin. Rund 300 Liter pro Sekunde stürzen von dem abstrakten Gebilde und verteilen einen feinen Sprühregen in der Umgebung. Da fühlt man sich direkt neben dem Brunnen schon fast wie im Urlaub im Schwarzwald, an einem der mächtigen Wasserfälle.

Von hohem Baumbestand umgeben, lassen sich die Autos der stark befahrenen Kurfürstenanlage kurz vergessen. Das Rauschen schluckt den Straßenlärm, und Bänke laden zum Verweilen ein. Die Wasserkaskaden zischen und brausen, und bei starkem Wind wird aus dem feinen Sprühregen eine ernst zu nehmende Dusche – zum großen Spaß der Kinder und zur mittleren Begeisterung der Eltern, die eigentlich gern noch in eines der nahen Cafés gegangen wären. Daher empfehle ich den Besuch des Springbrunnens auch auf jeden Fall nach einer Altstadt-Tour oder einem entspannten Kaffee. Dann lässt es sich fix in die nicht weit entfernte Straßenbahn springen und zu Hause umziehen, falls nötig. Rainer Scheithauer heißt übrigens der Künstler, der den gewaltigen Springbrunnen schuf. Seine Werke findet man in der Region auch in Weinheim und Wiesloch. 1988 wurde der Heidelberger Springbrunnen eingeweiht und schenkt dem von Straßen eingeklemmten Adenauerplatz seitdem ein echtes Highlight.

TIPP: Im Fresko, direkt gegenüber vom Deutsch-Amerikanischen Institut, gibt es hervorragenden Kaffee, Snacks und viel Platz in der Sonne. Mit kleinen Kindern aber lieber reingehen – die Sofienstraße ist viel befahren.

Adresse Scheithauer-Springbrunnen, Adenauerplatz 31, 69115 Heidelberg // ÖPNV Straßenbahn 5, 9, 21, 22, 23, 26 und Bus 29, 32-25, 39, Haltestelle Bismarckplatz, von dort circa vier Minuten Fußweg // Öffnungszeiten in der kalten Jahreszeit ohne Wasser // alle Altersstufen

91_DIE SPRUNGBUDE

Trampolinwelt für Springwütige

Wer Energie für mindestens drei hat, ist in der Sprungbude genau richtig. Auf insgesamt 2.500 Quadratmetern in einer Halle in Heidelberg-Kirchheim sind sieben Sprung-Themenwelten aufgebaut. Schon ab acht Jahren dürfen Kinder allein auf die Trampoline. Davor benötigen sie eine erwachsene Aufsichtsperson, die Eintritt zahlt und mitspringt.

Einen Salto in ein Becken voller weicher Schaumstoffkörper, »Free Jump« mit Trampolinen an den Wänden und Völkerball im Sprung: Die Inhaber der Sprungbude haben sich einiges einfallen lassen. Auch Kindergeburtstage lassen sich gut dort feiern. Der Besuch ist nicht ganz billig, und wer zum ersten Mal in die Sprungbude kommt, sollte genügend Zeit für die Registrierung einplanen – oder direkt online das »Sprungfenster« buchen. Das ist auch dann am stressfreiesten, wenn mehrere Familien einen gemeinsamen Ausflug planen und die Gruppe entsprechend groß ist. Gesprungen wird entweder 60 oder 90 Minuten, und auch wenn das zunächst wenig klingt: Vor allem Erwachsene sind nach dieser Zeit fix und fertig. Neue Energie tanken lässt sich im kleinen Café. Von dort aus können Eltern Kinder, die alt genug sind, selbst zu springen, übrigens auch bequem aus sicherer Entfernung beobachten. Sich über die erhitzten Gesichter freuen. Und genießen, dass sie nicht mehr selbst aufs Trampolin müssen.

Die passenden Sprungsocken kauft man übrigens beim ersten Besuch mit. Sie lassen sich gut waschen, daher unbedingt für die nächste Trampolin-Session aufbewahren!

Adresse Sprungbude Heidelberg, Harbigweg 1–3, 69124 Heidelberg, www.sprungbude-heidelberg.de // ÖPNV Straßenbahn 26, Haltestelle Messplatz // Öffnungszeiten Fr 15–18 Uhr, Sa und So 13–18 Uhr, in den Ferien meist Mo–Fr 13–18 Uhr // alle Altersstufen

TIPP: Wer vom Herumtoben nicht genug bekommt, kann anschließend bei gutem Wetter noch beim »alla hopp!« vorbeischauen (siehe Ort 2).

92_DIE STADTBÄCHLE

Kleine Gratis-Abkühlung an heißen Tagen

Am neu gestalteten Rathausplatz in Heidelberg-Rohrbach lassen Kinder ab dem späten Frühling Miniboote fahren oder strecken die Füßchen in das kleine Rohrbacher Stadtbächlein. Direkt daneben können es sich die Erwachsenen gut gehen lassen: Cafés und Restaurants finden sich rund um den zentralen Platz im historischen Kern von Rohrbach.

Dieser historische Kern mit seinen umliegenden Gebieten war noch vor 100 Jahren kein bisschen daran interessiert, zu Heidelberg zu gehören. In einer Abstimmung 1920 stimmten die Rohrbacher gegen die Eingemeindung. Rohrbach ging es gut. Es gab Erweiterungs- und Bebauungspläne, ein kleines Schlösschen, das auch mal hochrangigen internationalen Besuch empfing, eine große Fabrik im Westen und eine Klinik, die später zur Thoraxklinik Heidelberg werden sollte.

Dennoch folgte nur sieben Jahre später der Anschluss an Heidelberg, der aus dem eigenständigen Dorf einfach einen Stadtteil machte. Rohrbach wurde eingemeindet. Punkt.

Den Namen verdankt Rohrbach übrigens dem Schilfrohr, das an seinem Bachlauf wuchs. In den unteren, am Ende des Berges gelegenen Ortsteilen ist der Bach komplett überbaut und kanalisiert. Im oberen Teil, dem »Kühler Grund«, ist er noch offen und plätschert, so begradigt wie munter, vor sich hin.

TIPP: Ein Besuch am Kühler Grund am oberen Bachlauf lohnt sich!

Das Rohrbacher Stadtbächle nach Freiburger Vorbild ist auf Initiative einer aktiven Bürgervereinigung entstanden. Sie befürworten die schrittweise Offenlegung des Rohrbachs. Die Kinder, die sich den Sommer über an dem Bächle freuen können, unterstützen den Antrag nachdrücklich!

Adresse Platz mit Bachlauf, Rathausstraße 41, 69126 Heidelberg // **ÖPNV** Straßenbahn 23, Haltestelle Rohrbach Markt // alle Altersstufen

93_DER STUDENTENKARZER

Bestrafung, die Kreativität freisetzte

Bismarck soll zu seinen Zeiten wegen allen möglichen Fehlbetragens in den Göttinger Karzer gekommen sein. Zum Beispiel wegen nächtlichen Durch-die-Gassen-Jagens mit einem Pferdegespann. Bei solchen Konflikten zwischen Studenten und der öffentlichen Ordnung griff die akademische Gerichtsbarkeit, der alle Studierenden unterstanden – und verordnete den Karzer als pädagogischen Freiheitsentzug.

Was in der Frühzeit der deutschen Universitäten noch eine echte Strafe war, verwässerte im Laufe des 19. Jahrhunderts – die Studierenden durften Besuch empfangen und sich selbst verpflegen, was offenbar zu mancher Party führte. Für viele gehörte es zum Studium dazu, mindestens einmal in den Karzer zu kommen. Dort vertrieben sich die oft tagelang eingesperrten Studenten die Zeit mit Wandmalereien, Gedichten und allerlei Verzierungen. In die Holzdielen und -pfeiler wurde geschnitzt, und so gab es nach Abreise der Insassen manchmal neue Gedichte an den unmöglichsten und unzugänglichsten Stellen zu bestaunen. Auch die Geschichte dieser erhaltenen Wandmalereien gehört zur Folklore: Schaffte es ein Student, seine Wächter so abzulenken, dass sie die neu hinzugekommenen Verzierungen nicht bemerkten, durfte das Gedicht oder Gemälde bleiben. Fiel es sofort auf, musste es kostenpflichtig entfernt werden. Wenn wir uns im Heidelberger Karzer umsehen, kann Zweites nicht allzu häufig passiert sein …

Besonders spannend für Kinder: das fürchterliche alte Plumpsklo des Karzers!

TIPP: Die Ausstellung in der Alten Aula direkt um die Ecke ist vor allem für ältere Kinder sehenswert. Das Kombiticket erlaubt den Besuch von beidem zu einem kleinen Preis.

111 Whiskys die man getrunken haben muss
Jens Dreisbach
111 Gins die man getrunken haben muss
Julia Tzschätzsch
111 Orte für Kinder in Frankfurt die man gesehen haben muss
Maria Teresa Carbone
111 Hunde die man kennen muss
emons:
Entdecken fängt zu Hause an
Christina Bacher
111 Orte für Kinder in Köln die man gesehen haben muss
Monika Mansour
111 Pferde die man kennen muss
Theo B. Pagel | Brian Batstone
111 Dinge über Elefanten die man wissen muss
Franziska Lö
111 Orte für Kinder in und um Stuttgart die man gesehen haben muss
Holger und Roland Grunt Suárez
111 Insekten die täglich unsere Welt retten
Isa Grütering | Natascha Korol
111 Orte für Kinder in Berlin die man gesehen haben muss

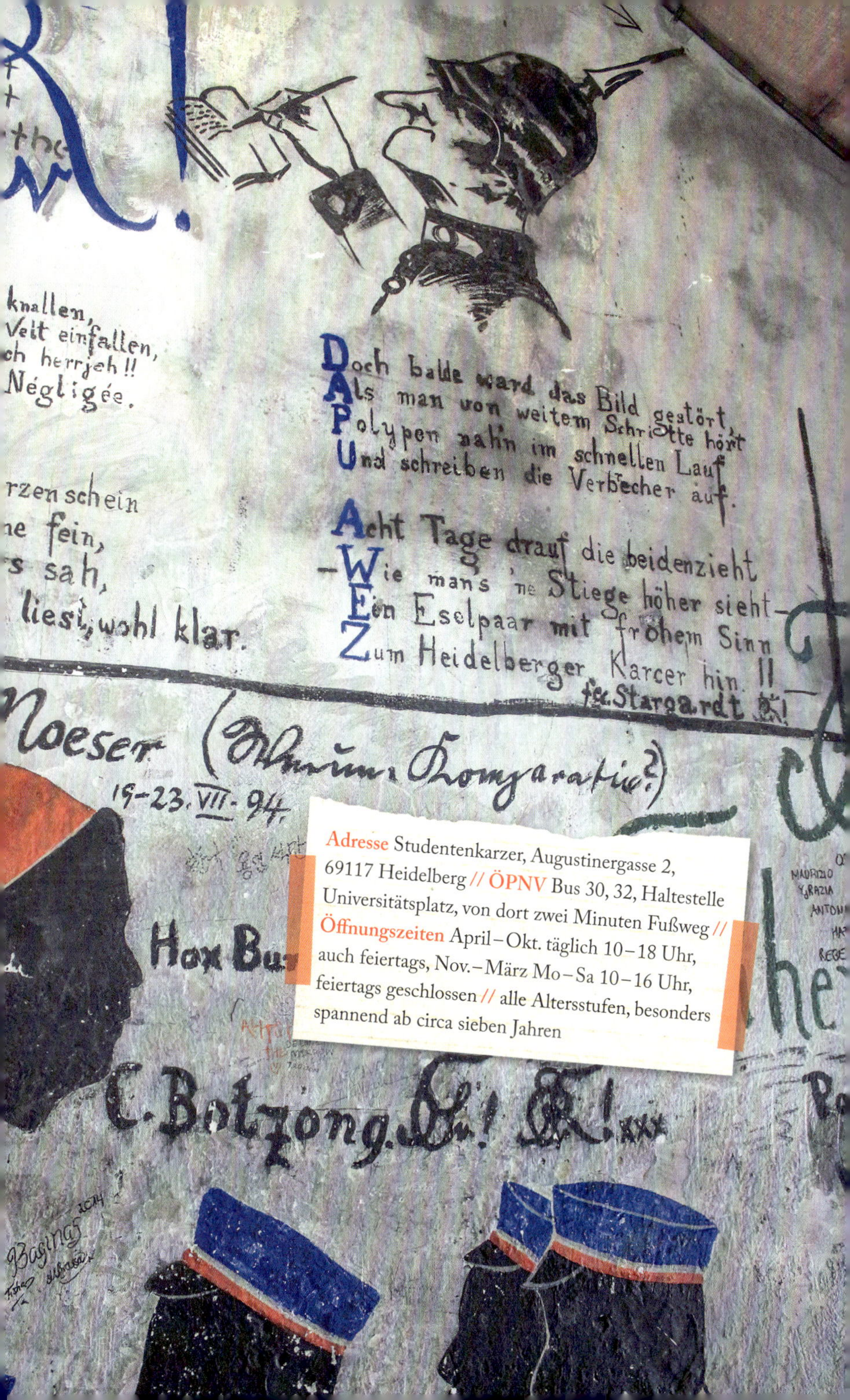

Adresse Studentenkarzer, Augustinergasse 2, 69117 Heidelberg // **ÖPNV** Bus 30, 32, Haltestelle Universitätsplatz, von dort zwei Minuten Fußweg // **Öffnungszeiten** April – Okt. täglich 10 – 18 Uhr, auch feiertags, Nov. – März Mo – Sa 10 – 16 Uhr, feiertags geschlossen // alle Altersstufen, besonders spannend ab circa sieben Jahren

94_DIE THINGSTÄTTE

Monumentaler Bau mit Panoramaausblick

Mitten im Wald des nördlichen Neckarufers thront die Thingstätte auf dem Heiligenberg. Es gibt einen steilen Wanderweg dort hoch, der beim Neckar beginnt und über den Schlangenweg (siehe Ort 86) bis zur Thingstätte führt. Er ist als Wanderrundweg sehr beliebt, doch ich empfehle ihn nur mit älteren Kindern.

Mit kleineren Kindern braucht trotzdem niemand auf die Erkundung der Gegend um die Thingstätte zu verzichten. Eine Straße führt durch Handschuhsheim auf den Heiligenberg, dort oben gibt es Park- und Einkehrmöglichkeiten. Vom Parkplatz aus ist es nur ein kurzes Stück, bis – etwas überraschend ob ihrer schieren Größe – die Thingstätte vor einem liegt. Mit ihrem Bau begannen die Nationalsozialisten 1934, und Joseph Goebbels eröffnete sie als »Feierstätte Heiligenberg« bereits ein Jahr später. Weil hier schon die Kelten im 4. Jh. v. Chr. gesiedelt und Kultstätten errichtet hatten, schien den Nationalsozialisten der Platz perfekt als gigantische Freilichtbühne für ihre »Thingbewegung«. Häufig genutzt wurden die vielen Steinstufen, die mehreren tausend Menschen Platz bieten, von den Nationalsozialisten allerdings nicht. Die Bewegung verlor an Bedeutung, und so auch die Thingstätte. Nach dem Krieg wurde sie neu entdeckt – vor allem als Ort für heimlich gefeierte Walpurgisnächte. Und die unzähligen Stufen? Werden heute wesentlich schöner und sinnvoller genutzt als ursprünglich geplant: als Fitnessprogramm für Groß und Klein, mitten im Wald und bei grandiosem Ausblick.

Adresse Thingstätte Heidelberg, 69121 Heidelberg // ÖPNV Bus 29, 31, Haltestelle Lutherstraße, von dort aus mindestens eine halbe Stunde Fußmarsch (1,8 Kilometer), alternativ fährt im Sommer der Bus 38 auf den Heiligenberg // Öffnungszeiten immer, wegen illegaler Feiern in der Vergangenheit wird die Thingstätte allerdings an manchen Abenden bewacht // alle Altersstufen

TIPP: Die Waldschenke serviert leckeres Essen, und ihr Garten bietet genügend Erkundungsmöglichkeiten für Kinder.

95_DIE TIEFBURG

Edle und nicht ganz so edle Ritter zu Heidelberg

Die Tiefburg im nördlichen Stadtteil Handschuhsheim ist eine der wenigen erhaltenen Wasserburgruinen Deutschlands. Die meisten heute erhaltenen Burgen oder Burgruinen befinden sich auf Anhöhen, wo sie vor Plünderungen geschützter waren. Nach der Zerstörung vieler Herrensitze im Dreißigjährigen Krieg wurden vor allem nahe gelegene Bauten zu bequemen Steinbrüchen für Häuser und Straßen. Aus alten Schriften des 13. und 14. Jahrhunderts geht hervor, dass die Burg von einem zwölf Meter breiten Wassergraben umgeben war. Noch heute erinnert die lange Brücke daran; der Wassergraben, der mit Wasser aus dem Mühlbach befüllt war, ist allerdings zugeschüttet. Es ist buchstäblich Gras über die Sache gewachsen.

1674 war die Tiefburg unbewohnbar. Ein im 18. Jahrhundert durch die Besitzer von Helmstatt errichtetes Herrenhaus wurde gepflegt und bewohnt, während die Burg bis kurz vor dem Ersten Weltkrieg nur sehr stiefmütterlich erhalten wurde. Erst Raban Graf von Helmstatt renovierte die Ruine und machte sie als Wohngebäude nutzbar. Heute pflegt der Stadtteilverein Handschuhsheim die Tiefburg und organisiert Besichtigungen.

Und die nicht ganz so edlen Ritter aus der Überschrift? Das ist eine hübsche Geschichte von 1770. Da öffnete nämlich der damalige Besitzer der Tiefburg einen versteckten Hohlraum hinter einer Wand und fand …? a) ein altes Plumpsklo mit – iih – versteinerten Hinterlassenschaften der ehemaligen Bewohner, b) das eingemauerte Skelett eines Ritters oder c) ein mit Kohlestift verunglimpftes Gemälde der alten Burgherren.

TIPP: Der Handschuhsheimer Wochenmarkt findet samstags vormittags auf dem Platz vor der Tiefburg statt.

Adresse Tiefburg, Dossenheimer Landstraße 6, 69121 Heidelberg // **ÖPNV** Bus 38, Haltestelle Tiefburg // **Öffnungszeiten** Besichtigung nach Vereinbarung unter Tel. 06221/409584 // alle furchtlosen Altersstufen

96_DIE TINNUNCULUS-FALKNEREI

Greifvogelshow auf dem Königstuhl

Schon einmal den gewaltigen Flügelschlag eines Uhus gespürt, wenn er direkt über den eigenen Kopf hinwegfliegt? Oder selbst einen Falknerhandschuh übergestreift, um zu schauen, ob der Falke darauf landen wird? Bei der Tinnunculus-Falknerei ist all dies möglich. Der Betreiber führt selbst die Falken vor, erklärt, wie sie jagen, was ihre Besonderheiten sind und worauf ein Falkner achten muss. Kinder allen Alters hören andächtig zu und nähern sich den großen Vögeln mit gehörigem Respekt. Nicht alle trauen sich, das Federkleid des Uhus zu streicheln und ihm so ganz nahe zu kommen.

Seit fast 20 Jahren betreibt Uwe Jacob die Falknerei auf dem Königstuhl. Bei seinem Großvater, der eine Auffangstation hatte, lernte er schon als Kind vieles über die Aufzucht von Greifvögeln. Nun kann er seinem Publikum einiges mitgeben: über die Tradition der Falkenjagd, zum Beispiel. Oder was seine Falken im Winter eigentlich so machen. Wie viel die beeindruckenden Vögel wiegen. Und auch, warum er für seine Vögel ab und zu den Chauffeur spielen muss. Über die lustigen Geschichten zu den Greifvögeln gibt es viel Gelächter. Ganz still wird es dann aber jedes Mal, wenn sich der Turmfalke auf einen einzigen Pfiff vom Sendemast stürzt. In kaum zu glaubender Geschwindigkeit rast der Vogel dem Erdboden entgegen. Mit Präzision landet er genau da, wo Uwe Jacob ihn haben möchte, um ihn den begeisterten Kindern noch etwas besser zu zeigen.

Adresse Tinnunculus-Falknerei Heidelberg, Königstuhl 2a, 69117 Heidelberg // **ÖPNV** Bus 39, Haltestelle Königstuhl // **Öffnungszeiten** Flugvorführungen April–Okt. Di–Fr 11.30 Uhr, Sa, So, feiertags 11.30 Uhr und 15.30 Uhr // alle Altersstufen

TIPP: Nach der Vorführung am Vormittag ist genug Zeit für eine Wanderung vom Königstuhl aus zum Gaisberg.

97_DIE TOUR DER FASSADENKUNST

Neue Flächen für urbane Street-Art

Wer mit aufmerksamen Augen durch die Stadt geht, wird schnell bemerken, dass immer mehr Häuserfassaden kein schnödes Weiß, Beige oder Grau mehr zeigen. Sondern bunte, abwechslungsreiche und thematisch aktuelle Street-Art. Mal greifen die gebäudehohen Kunstwerke die Umgebung auf, mal die jüngere Geschichte. Eine Tour mit den Kids lohnt sich, denn es gibt ständig Neues zu entdecken.

Seit 2015 arbeitet das Metropolink-Festival daran, Kunst an Fassaden und damit in den öffentlichen Raum zu bringen. Unter der Schirmherrschaft des Oberbürgermeisters werden jedes Jahr neue Flächen erschlossen, die von internationalen Künstlern gestaltet werden. Die Stadt Heidelberg begreift urbane Kunst als Teil der Stadtentwicklung und als Möglichkeit, künstlerische Werke für alle kostenlos und barrierearm erfahrbar zu machen. Dabei sollen die entstehenden Flächen mehr sein als nur bunte Bilder: Sie sollen Gespräche anstoßen, Menschen zusammenbringen und öffentliche Räume neu erschließen. Einmal im Jahr findet daher zur Feier der neu gestalteten Flächen ein großes Fest mit Musik und kostenloser Ausstellung statt. Ob in einem alten amerikanischen Supermarkt, auf einem zurückgelassenen Panzer, einer Straßenbahn oder mitten im Heidelberger Hauptbahnhof: Die urbane Kunst begeistert immer mehr Menschen. Und die Kinder genießen den freien und kreativen Umgang mit der Umgebung und wählen fröhlich ihr Jahres-Lieblingsmotiv aus.

TIPP: Der Instagram-Account @metropolinkurbanartfestival gibt Einblicke in die Arbeit und in die Standorte. So lassen sich auch Werke im Entstehen besuchen.

Adresse Besonders lohnend ist das leider noch nicht gut angeschlossene PHV. Hier finden auch viele der Aktionen statt, und zum Metropolink Festival fährt ein eigens eingerichtetes Shuttle. Patrick-Henry-Siedlung, 69124 Heidelberg, www.metropolink-festival.de // **Anfahrt** über Speyerer Straße auf die B 535, Abfahrt Patrick-Henry-Village // alle Altersstufen

98_DER TRETBOOT-VERLEIH

Vor der Kulisse der Altstadt den Neckar genießen

»Schiff voraus, Käptn!« Mit einem Tretboot lässt sich die wunderbare Aussicht auf Alte Brücke, historische Altstadt und Schloss wunderbar genießen. Segelkenntnisse braucht es praktischerweise nicht, und auch ein Bootsführerschein wird von den gut gelaunten und kinderfreundlichen Betreibern zum Glück nicht verlangt, wenn sich die kleinen Kapitäne für eine Fahrt anmelden. Lediglich etwas Muskelkraft und Sonnenschutzmittel sind Grundvoraussetzungen für das Genießen der Fahrt. Plus eine kleine Einweisung, wo sich das Tretboot nicht wohlfühlt und wo es demzufolge auch nicht hinfahren möchte.

Der Tretbootverleih liegt am nördlichen Neckarufer, nicht weit entfernt von der Alten Brücke. Und diese ist auch das realistische Ziel einer ersten Bootstour, gerade für jüngere Kinder oder wenn man danach noch etwas anderes unternehmen möchte. Manch ambitioniertes Kind soll sich hier schon zu viel vorgenommen haben, wollte unbedingt ein Boot ohne Erwachsene und hatte am Abend schrecklichen Muskelkater.

Die Landschaft mit Neckarufer, Altstadt mit Schloss, Brücke und Kirchtürmen ist einfach großartig. Und während die einen Geschwindigkeitsrekorde aufzustellen versuchen, lassen sich die anderen auf dem Neckar einfach eine Weile treiben und genießen den Ausblick und die Nähe zum Wasser. Bei der Rückkehr werden alle mit großem Hallo und gebührendem Respekt für ihre sportlichen Leistungen empfangen. »Das Schönste war heute das Bootfahren, Mama.« So ist es.

TIPP: Nach der Fahrt über die Alte Brücke und in die Altstadt schlendern.

Adresse Bootsverleih Heidelberg, Uferstraße, 69120 Heidelberg, www.tretbootverleih-hd.de // **ÖPNV** Bus 34, Haltestelle Bergstraße, von dort circa zwei Minuten Fußweg // **Öffnungszeiten** April–Okt. Mo–Sa 14 Uhr bis eine Stunde vor Sonnenuntergang, So und feiertags 11 Uhr bis eine Stunde vor Sonnenuntergang // Alle Altersstufen. Kinder unter zwölf Jahren nur in Begleitung Erwachsener. Mindestens eine 18-jährige Person muss bei der Gruppe dabei sein.

99_DER TRINKBRUNNEN

Erfrischung in der Märzgasse

So, Hand hoch, wer es nicht kennt: Zu Hause ging nichts mehr in das Kind hinein (»Kein Durst!«). Kaum aufgebrochen, steht es dann aber vor dem Tod durch Vertrocknung, was es auch lautstark kundtut. Als vorbereitete und stets engagierte Eltern ziehen wir jetzt die Mehrwegflasche mit gekühltem Wasser heraus. Doch die ist schnell leer getrunken. Was also tun? Von der Wasserversorgung aufgestellte Trinkbrunnen bieten Abhilfe und schnelle Erfrischung.

In der Altstadt steht ein stetig vor sich hin plätscherndes Exemplar in der Märzgasse. Er ist sensationell gelegen: ungefähr auf halber Strecke zwischen dem Universitätsplatz und dem Bismarckplatz, direkt neben einem umzäunten und damit auch für kleinere Kinder geeigneten Spielplatz. Sind alle Wasserflaschen aufgefüllt, lässt es sich dort noch etwas toben und den schönen, alten Baumbestand genießen. Beim Obst- und Gemüsehändler gegenüber kann sogar noch der Reiseproviant mit Frischem aufgestockt werden, bevor es weitergeht. Soll ja auch alles Wasser enthalten.

Übrigens: Wer wie ich findet, dass nur ein Trinkbrunnen in der Heidelberger Altstadt etwas wenig ist, freut sich vielleicht über die Aktion »refill Deutschland«. Überall, wo es einen blauen Aufkleber mit dem Aufdruck »Refill Station« gibt, kann die eigene Mehrwegflasche kostenfrei mit Leitungswasser aufgefüllt werden. Eine Karte gibt es auf der Homepage. Darin sind zurzeit sieben Geschäfte und Läden in der Heidelberger Altstadt aufgeführt. Wohl bekomm's!

TIPP: Im winzigen Kinderladen Troll auf der Plöck ganz in der Nähe gibt es schöne Geschenkideen und Spielzeug zu kaufen.

Adresse Trinkbrunnen Märzgasse, Ecke Plöck, 69117 Heidelberg, refill-deutschland.de // **ÖPNV** Bus 20, 31, 32, 33, Haltestelle Friedrich-Ebert-Platz, von dort circa drei Minuten Fußweg // alle Altersstufen

100_DAS URBAN KITCHEN

Ziemlich cool und mit genderneutralen Toiletten

Das Urban Kitchen ist ein innenstadtnahes Restaurant mit großer Karte und gutem Mittagstisch. Wechselnde Speisen als Buffet, ein großzügiger Außenbereich und ein rustikales, gemütliches Inneres machen es zu einem beliebten Treffpunkt. Es gibt leckeres Fingerfood, Burger, Salate und Suppen sowie hausgemachte, unfassbar gute, aber nicht gerade günstige Limonade. Gründe genug, dort vorbeizuschauen? Ach, da geht noch was!

Das Urban Kitchen hat nämlich eine besondere Geschichte. Bis 1981 waren seine Räumlichkeiten Teil des Alten Hallenbads. Das gesamte Gebäude – heute bewohnt von einem Bio-Lebensmittelgeschäft, dem KÖRPERWELTEN Museum, einem Yoga-Studio und mehr – wurde Anfang des 20. Jahrhunderts erbaut. Über 60 Jahre lang war es als einziges »Winterbad« wichtiger Bestandteil der Heidelberger Stadtgesellschaft. 1981 wurde es aus Sicherheitsgründen geschlossen und war danach fast 30 Jahre der Diskussion und dem Verfall ausgesetzt.

Ein Heidelberger Investor versprach, das Bad umzugestalten und der Allgemeinheit zurückzugeben. Heute ist es Treffpunkt, Einkaufsstraße, Wellnessbereich und mehr. Wo ehemals die Umkleidekabinen gewesen sein müssen, kocht heute das Personal des Urban Kitchen für die Hipster Heidelbergs. Wer hier die Toilette aufsucht, ist übrigens erst mal irritiert. Denn die besondere Geschichte des Baus strahlt bis in die Toiletten, die an Umkleidekabinen aus der Zeit der Jahrhundertwende erinnern.

Adresse Urban Kitchen Heidelberg, Poststraße 36/5, 69115 Heidelberg // **ÖPNV** Straßenbahn 5, 21, 22, 23, Haltestelle Stadtbücherei // **Öffnungszeiten** täglich 9–1 Uhr // alle Altersstufen

TIPP: Das KÖRPERWELTEN Museum im ersten Stock ist großartig – und gruselig. Mit Kindern ab mindestens zwölf ein echter Tipp!

101_VRN NEXT BIKE

Spontan mobil und unabhängig von Fahrplänen

Auf das Rad-Sharing mit Babyschalen auf den Bikes oder mit speziellen Kinderfahrrädern warten wir leider noch. Daher ist dieser Tipp über insgesamt 25 Standorte in Heidelberg auch nur etwas für Familien mit größeren Kindern. Dafür kann der einmal bei VRN Next Bike angelegte Account aber gleich bis zu vier Räder freischalten, die die ganze Familie dann kreuz und quer durch die Stadt tragen. So sind spontane Fahrradtouren von der überfüllten Altstadt an einen ruhigeren Platz am Neckar ebenso kein Problem wie ein Ausflug, der länger gedauert hat und plötzlich mit Wartezeiten auf den ÖPNV verbunden ist.

Wie sinnvoll Bike-Sharing in Städten wie Heidelberg ist, erfassen wir am schnellsten, wenn es uns an Samstagen in die Innenstadt verschlägt. Selbst die Alteingesessenen machen gern diesen bekannten Fehler, denn der Familienalltag mit Arbeit und schulpflichtigen Kindern lässt nun mal nur den Samstag frei – aber die überfüllten Straßen und Geschäfte, die vollen Bahnen und vor allem die nicht vorhandenen Parkplätze lassen den Altstadtbesuch schnell zu einer Strapaze werden. Wer keinen Bock auf sinnlose Parkplatzsuche hat und sich nach dem Shoppen auch nicht mehr in die Bahn werfen will, registriert sich bei VRN Next Bike, schaltet mit Hilfe der App ein, zwei, vier Räder frei und schwingt sich in den Sattel. Die insgesamt 200 Räder in Heidelberg sind gut zu fahren, werden regelmäßig gewartet und können an jeder der über das Stadtgebiet verteilten Stationen zurückgegeben werden. Eine gute Alternative zu Bus und Bahn!

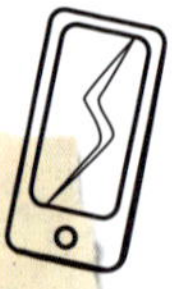

Adresse 25 Stationen, zum Beispiel am S-Bahnhof Weststadt/Südstadt, 69126 Heidelberg, www.vrnnextbike.de/de/heidelberg // ÖPNV Straßenbahn Linien 23, 24, Haltestelle Weststadt / Südstadt // ab circa zehn Jahren je nach Körpergröße der Kinder

TIPP: Die hier abgebildete VRN Next Bike Station liegt direkt am S-Bahnhof Weststadt/Südstadt. Hier fahren die S-Bahnen über Schlierbach bis nach Neckarhausen – meine Empfehlung für einen Wochenendausflug abseits der Stadt.

102_ DER WALD-ERLEBNISPFAD

Natur mit allen Sinnen genießen

Oben auf dem Königstuhl führt ein familienfreundlicher Wanderweg um den höchsten Punkt herum: Der wunderschön gestaltete Walderlebnispfad, der bei (fast) jedem Wetter und jeder Jahreszeit bei Kindern sehr beliebt ist. Im Auftrag der Stadt und in Zusammenarbeit mit dem Landschafts- und Forstamt Heidelberg hat hier die Werkstatt-Spielart eG eines ihrer kleinen Wunder vollbracht. Auf einer Strecke von etwa zwei Kilometern finden sich in die Umgebung perfekt eingepasste Mini-Parcours, Spielgeräte und Anregungen für alle Sinne. Der breite Weg ist mit einem gefederten oder breit bereiften Kinderwagen gut befahrbar. Dem bereits flitzenden Nachwuchs wird der Weg unter Garantie nicht langweilig, denn an jeder Ecke gibt es Neues zu entdecken und auszuprobieren.

Wie lebt wohl der Dachs? Was krabbelt alles unter der Rinde der Bäume? Wie weit springt der Fuchs? Und wie viele Hölzer können wir wohl auf der Wiese neben dem Eisweiherweg ergattern, um unser eigenes Tipi zu bauen? Der Walderlebnispfad beantwortet viele Fragen und regt zum Erforschen und Ausprobieren an. Aber auch zum Nachdenken: Schon am Eingang des Pfades steht eine Skulptur, die schwer an den Hinterlassenschaften unachtsamer Waldbesucher trägt. Voll mit Plastikmüll ist der Globus, den sie auf dem Rücken hat, und mit dieser Mahnung im Kopf denken die Kinder nach einem Picknick auf der Wiese ganz von selbst daran, den eigenen Müll zu entsorgen, bevor wieder Richtung Parkplatz oder Bergbahn aufgebrochen wird.

Adresse Walderlebnispfad, Königstuhl, 69117 Heidelberg // **ÖPNV** Bergbahn bis Königstuhl oder Bus 30, Haltestelle Sternwarte, danach circa fünf Minuten Fußweg // alle Altersstufen

TIPP: Auch der »Via naturae« startet beim Walderlebnispfad – ein toller Rundwanderweg in zwei Varianten: circa 3,5 und acht Kilometer. Für alle, die von der Ruhe und der frischen Luft dort oben gar nicht genug bekommen können.

103_DIE WANDERFALKEN

Artenschutz mitten in der Altstadt

1971 entschied der NABU, dass der Wanderfalke Vogel des Jahres wird. Da war es für die damals stark gefährdete Art schon fast zu spät. Heute hat sich der Bestand erholt – dank konsequenter Schutzmaßnahmen und großartiger Modellprojekte wie der Heidelberger Wanderfalken-AG!

In den 50er Jahren brütete die Falkenart in Heidelberg noch oben auf dem Schloss. Als wegen Umbauarbeiten der Platz langsam knapp wurde, wurde es zeitgleich für die Wanderfalken in ganz Deutschland eng. Rektor Hans-Martin Gäng hatte die Idee, mit Schülerinnen und Schülern seiner Schule im Glockenturm der Heiliggeistkirche einen Nistplatz einzurichten. Obwohl die Skepsis gegenüber dem Projekt am Anfang groß war, befanden die Falken das Angebot für annehmbar – seit Einrichten des Nistplatzes sind 69 Jungfalken dort geschlüpft! Und die Wanderfalken-AG hat so erfolgreich Artenschutz vorgelebt, dass es mittlerweile Nachahmungen nach Heidelberger Vorbild in vielen verschiedenen Städten gibt.

Zur Beobachtung der Vögel muss übrigens niemand auf den Turm steigen. Drei Webcams senden das ganze Jahr Live-Bilder der Falken! Besonders spannend: die Brutzeit und das schrittweise Flüggewerden der Jungen. In dieser Zeit können die Falken mit etwas Glück vom Schloss aus beim Ein- und Ausfliegen beobachtet werden.

TIPP: Der Blog, den Hans-Martin Gäng seit 1999 führt, umfasst mittlerweile über 4.900 Einträge mit Fotos und Hinweisen! So können Eltern aus einem verregneten Frühjahr mit Hilfe der AG Wanderfalken, einem guten Fernglas und Spaziergängen zum Schloss eine eigene Falkenstudie machen!

Adresse Aussichtspunkt für die Falkenbeobachtung: Schloss Heidelberg, Schlosshof 1, 69115 Heidelberg, Webcam jederzeit abrufbar, am besten einen neueren Browser verwenden, www.ag-wanderfalken.de // ÖPNV Bergbahn, Haltestelle Schloss Heidelberg // Öffnungszeiten immer, tagsüber ist ein Schlossticket erforderlich; Spenden an den NABU für den Betrieb und die Wartung der Webcams sind hochwillkommen // alle Altersstufen

104_DER WASSER-SPIELPLATZ

Tolle Spielmöglichkeiten mit Neckarblick

Wohl der schönste Spielplatz in Heidelberg liegt direkt am Neckar auf den Neckarwiesen in Neuenheim. Eine Pumpe befördert zuverlässig Wasser für die vielen Räder, Schleusentore und Wasserläufe, mit denen sich Kinder über Stunden beschäftigen können. Das Wasser ist so kalt, dass Erwachsene meist eher ungern hinterherspringen. Aber gerade an heißen Tagen verspricht der Wasserspielplatz lang anhaltende Beschäftigung.

Um den Hauptbereich herum gibt es Steinsockel, auf denen sich die Eltern mit allem an mitgebrachten Snacks und Decken ausbreiten können. Unerschrockene greifen hier unter dem Schatten des großen Baumes sogar zum Buch. Das Gelände gibt es her: Zum Ufer ist es noch ein Stück zu laufen, und alles ist gut zu sehen; die Kinder finden genügend Faszinierendes, womit sich spielen lässt, und ein geschützter Kleinkindbereich mit Zaun ist direkt nebenan. Für ältere Geschwister, die keine Lust mehr haben, sich und ihre Kleidung nass zu machen, gibt es neben dem Wasserspielplatz noch einige interessante Spielmöglichkeiten. Oder die Jugend nimmt sich ein Federballspiel für die Wiese mit. Ein Café hält zu moderaten Preisen Getränke und Eis bereit, und auch Toiletten finden sich in unmittelbarer Nähe. Oft wird aus einem »Noch mal kurz auf den Spielplatz« eine zeitlich intensive, aber empfehlenswerte Aktion. Anerkennende Blicke für Profi-Eltern, die an eine Wechselgarnitur gedacht haben, inklusive.

Adresse Wasserspielplatz auf der Neckarwiese, Uferstraße 17, 69120 Heidelberg // ÖPNV Straßenbahn 21, 24, Haltestelle Jahnstraße, ab dort circa zehn Minuten Fußweg // Öffnungszeiten täglich circa 9–21 Uhr (je nach Saison) // alle Altersstufen, empfohlen ab zwei Jahren (sicherer Stand)

TIPP: An der Uferstraße und auch in der Parallelstraße gibt es eine ganze Reihe empfehlenswerter kleiner Restaurant-Cafés. An dieser Stelle sei exemplarisch das River Café circa zehn Gehminuten in Richtung Osten empfohlen.

105_DER WASSERSTRUDEL

Drehe, drehe, manche Strecke

Grundprinzipien der Physik zu erlernen klingt nach einer trockenen Angelegenheit. Doch das muss nicht sein: In der Heidelberger Bahnstadt gibt es ein Wasserspiel zu bestaunen, das von kleinen und großen Kindern bedient werden kann. Je mehr Muskelkraft man in die Kurbel gibt, desto größer und wilder wird der Wasserstrudel – alles sehr hübsch anzusehen.

Und im Gegensatz zu »echten« Wasserstrudeln in Flüssen oder im Meer auch gänzlich ungefährlich für die Beobachtenden, da der Strudel zum einen sehr klein ist und zum anderen hinter Glas. Echte Wasserstrudel hingegen können für kleine Boote und Menschen zur Gefahr werden, da die spiralförmige Bewegung eine große Kraft ausübt. Wenn man tatsächlich einmal in einen Strudel geraten sollte, wird empfohlen, bis an den Grund zu tauchen, da man am Boden des Strudels diesem am ehesten entkommen kann. Ein Strudel ist übrigens physikalisch gesprochen ein Sonderfall eines Wirbels in der Strömungslehre. Wirbel sind hier die drehende Bewegung von fließenden Elementen (Gase, Flüssigkeiten, Plasma) um eine gerade oder geschwungene Achse. Die griechische Sagenwelt hat einen ganz grässlichen Strudel beizusteuern, nämlich das Ungeheuer Charybdis, das gemeinsam mit dem kaum weniger grässlichen Ungeheuer Skylla an einer Meerenge gehaust haben soll. Odysseus musste mit seinem Schiff durch diese Meerenge und entschied sich, dem Strudel fernzubleiben – eine kluge Wahl, wie wir nun wissen, denn so musste er nur sechs Gefährten opfern und nicht sein ganzes Schiff.

TIPP: Am Rand der Felder liegt der Verein Schäferhunde e.V. mit Übungsplatz. In dieser sicheren Entfernung lässt sich das Training der Hunde gut verfolgen.

Adresse Wasserstrudel, beim Fußgängerweg am Ende der Cambridgestraße, 69115 Heidelberg // **ÖPNV** Straßenbahn 22, 26, Haltestelle Gadamerplatz, von dort aus circa fünf Minuten Fußweg // alle Altersstufen

106_DER WEHRSTEG

Neckarüberquerung mit Adrenalin-Garantie

Es ist ein kleines Abenteuer: Über den Neckar führt in der Nähe des Heidelberger Zoos der Wehrsteg, eine alte Fußgänger- und Fahrradbrücke. Durch die Gitter unter den Füßen kann man den Fluss sehen und hat gleichzeitig einen tollen Blick – zur einen Seite auf die Neckarauen bei Wieblingen, zur anderen Richtung Altstadt. Wer an einem Wochentag kommt, kann sich auch einen Moment an das

Geländer setzen und träumen. An Wochenenden ist auf der schmalen Brücke dafür allerdings zu viel los.

Da nämlich dient der Wehrsteg Wanderern und Radfahrerinnen als Neckarüberquerung auf ihren Rundwegen – zum Beispiel auf einer Tour an den Neckarauen vorbei (siehe Ort 76) bis nach Ladenburg und wieder zurück. Die Treppen vor und hinter der Brücke sind für Fahrradfahrende mit steilen Rampen ausgestattet. Kleinere Kinder schaffen den Anstieg mit Fahrrad nicht allein und benötigen die Hilfe von Erwachsenen – das bitte unbedingt in der Ausflugsplanung berücksichtigen. Auch ein Fahrradanhänger kann dort hochgeschoben werden, allerdings macht die schmale Brücke bei der anschließenden Überquerung sehr wenig Freude. Tipp für alle, die mit Anhänger unterwegs sind: die Ernst-Walz-Brücke ein Stück flussaufwärts nutzen und dem Wehrsteg bei einem Spaziergang am Neckar einen separaten Besuch abstatten. Der Steg wird übrigens nur noch einige Jahre benutzbar sein. Aufgrund der alten Bausubstanz soll die Brücke bis circa 2030 abgerissen und ein Stück weiter oben ersetzt werden.

Adresse Wehrsteg Wieblingen, nördlicher Beginn: Uferstraße 88, 69120 Heidelberg, südlicher Beginn: ab Haltestelle Gneisenaustraße ein kurzes Stück die Vangerowstraße entlang // **ÖPNV** Bus 34, 35, Haltestelle Gneisenaustraße, danach circa fünf Minuten Fußweg // alle schwindelfreien Altersstufen

TIPP: Wer die Überquerung feiern und kurz innehalten möchte, findet am Kiosk auf der südlichen Seite alles für eine kleine Stärkung.

107_DER WILDBIENEN-STAND

Naturschutz auf dem Philosophenweg

Folgen wir dem Philosophenweg (siehe Ort 79), entdecken wir unter anderem einen merkwürdig anmutenden Stand mit allerlei Holz und anderem Material. Hier hat der NABU einen Wildbienenstand errichtet.

Bei uns sind mehr als 560 Wildbienenarten heimisch. Die Hälfte ist akut vom Aussterben bedroht. Wie die Honigbiene leiden die Wildbienen an aufgeräumten Wiesen ohne Wildblumen und Hecken, an übermäßigem Pestizideinsatz und an Überdüngung. Die Rolle der einzelnen Faktoren im massiven Bienensterben wird intensiv beforscht. Fest steht: Den Bienen geht es schlecht. Viele Wildbienen leben nicht in größeren Stämmen zusammen, sondern gelten als sogenannte »Solitärbienen«. Nicht wenige dieser Arten bauen kein eigenes Nest. Für sie sind die Wildbienenstände gedacht: Sie bieten Schutz und Nistplätze, wenn immer mehr natürliche Lebensräume reguliert werden oder wegfallen. Der NABU klärt auf und gibt Orientierung, wenn große und kleine Insektenschützer einen eigenen Wildbienenstand bauen möchten. Hier gibt es nämlich einiges zu beachten, um nicht ungewollt Schaden anzurichten.

Heidelberg gilt wegen des beeindruckenden Netzwerks an Initiativen als Umwelt- und Nachhaltigkeitsstadt. Neben dem NABU setzen sich auch Organisationen wie das Globale Klassenzimmer, die Grüne Schule oder die Zooschule intensiv für die nachhaltige Entwicklung ein. Natürlich schimpfen wir in Heidelberg trotzdem gelegentlich auf unseren Gemeinderat. Immerhin könnte es noch mehr Geld für solche Zwecke geben!

TIPP: Ganz in der Nähe ist ein Kletter- und Spielgerüst, auf dem Kinder Balance und Geschicklichkeit üben können.

Adresse Wildbienenstand des NABU, auf dem Philosophenweg Richtung Philosophengärtchen, 69120 Heidelberg // **ÖPNV** Straßenbahn 5, 23, Haltestelle Brückenstraße, von dort circa 20 Minuten Fußweg aufgrund der Steigung // **Öffnungszeiten** immer // alle Altersstufen

108_DER ZOLLHOF-GARTEN

Die Bahnstadt bekommt ein grünes Herz

Auf dem Gelände des ehemaligen Güterbahnhofs erinnert nur noch wenig an die frühere Nutzung. Eine Ausnahme ist die halle02 – ein Veranstaltungsort, der sich in den umgebauten Lagerhallen befindet und den Charme des alten Industriegebäudes erhalten hat. Die Gleisstränge und Gleisharfen im neuen Zollhofgarten wichen einer großen Grünfläche mit Spielgeräten, auf der nur die angelegten Wege noch die frühere Anordnung der Gleise zeigen. Das »grüne Herz« lockt nicht nur Familien ins Freie: Auf den Bänken in der Sonne kann man den Tag herrlich ausklingen lassen, bei »Gelato To Go« gibt es mit das beste Eis der Stadt, und eine große Wiese erlaubt Ballspielen, Yoga und vieles mehr.

Das Schmuckstück des Zollhofgartens aber ist der großzügige Spielplatz. Von einer Rennbahn für Bobbycars bis hin zum Kletterfelsen: Hier wird beinahe jedes Alter fündig. Das Gelände ist durchdacht angelegt und schön begrünt – allerdings werden die frisch gepflanzten Bäume noch eine Weile brauchen, um dem Platz zuverlässig Schatten zu spenden. Zu neu ist das große Areal. Noch sieht und hört man die nahen Baukräne, die das Projekt Bahnstadt weiter in den Westen der Stadt treiben. Noch ziehen Geschäfte in das nahe, neu gebaute Einkaufszentrum ein, und die Zufahrtsstraßen sehen große Baumaschinen, Bagger und jede Menge bewegte Erde. Doch wenn die Gestaltung der Bahnstadt abgeschlossen ist und die Bäume gewachsen sind, steht der neue Zollhofgarten beliebten Plätzen wie dem Weststädter Danteplatz in nichts nach.

TIPP: Gegenüber dem Spielplatz ist ein Barbier eingezogen. Das Geschäft in klassisch amerikanischer Aufmachung ist ein Hingucker, der Barbier in Aktion durch das große Schaufenster auch.

Adresse Zollhofgarten, 69115 Heidelberg // **ÖPNV** Straßenbahn 22, 26, Haltestelle Gadamerplatz, danach circa eine Minute Fußweg // **Öffnungszeiten** immer // alle Altersstufen

109_DIE ZOOABTEILUNG IM DEHNER

Stimmungsaufheller »Tiere gucken«

Heidelberg, du Schöne! Wir dürfen uns wirklich nicht über zu wenige Sonnenstunden beschweren. Aber das Wetter kann nicht immer nur einladend sein, und darüber hinaus hat niemand einfach ständig Lust auf lange Radtouren. Was also, wenn die Laune im Keller ist, aber das Wetter keine langen Ausflüge hergibt?

Mein absoluter Geheimtipp für alle genervten Eltern: Tiere gucken gehen im Dehner. Das große Gartencenter hat eine kleine, aber vielseitige Zooabteilung. Die bunten Fische, die wunderschönen Vögel und viele kleinere Nager lassen sich dort wunderbar beobachten. Wichtig dabei ist natürlich, die Kinder auf den richtigen Umgang und die optimale Lautstärke hinzuweisen. Umsichtige Angestellte achten zwar darauf, dass die Tiere nicht allzu großem Stress ausgesetzt sind. Aber dabei können die Kinder natürlich kräftig mithelfen, ein bisschen Abstand halten und leise sein. Dann beantworten die freundlichen Mitarbeitenden auch Fragen zu den tierischen Bewohnern des Garten-Centers.

Es sei an dieser Stelle gewarnt: Kaum jemand verlässt das Garten-Center, ohne nicht wenigstens ein kleines Projekt mitzunehmen: Saatgut ziehen für die Fensterbank, zum Beispiel. Eine neue Pflanze für das Zimmer oder den Garten. Und manchen von uns soll es schon passiert sein, am Ende sogar bei einem der Tiere schwach geworden zu sein. »Es ist ja auch nur eine ganz, ganz kleine Maus, Mama!« Na dann.

TIPP: Das Gartencenter ist ganz in der Nähe vom alten Bahnbetriebswerk. Industrieromantik in fußläufiger Entfernung.

Adresse Dehner Garten-Center, Eppelheimer Straße 76, 69123 Heidelberg // **ÖPNV** Straßenbahn 22, Haltestelle Marktstraße // **Öffnungszeiten** Mo – Sa 9 – 19 Uhr // alle Altersstufen

110_DER ZUCKERLADEN

Zuckerschock mit Glücksspielmoment

Der Heidelberger Zuckerladen ist wohl eine der schönsten Kuriositäten unserer Stadt. An Wochenenden führt die Schlange vor dem Laden den Gehsteig in der Plöck entlang bis zu den Nachbargeschäften. Dabei würde wohl niemand bei der schrill-skurrilen Auslage im Schaufenster sofort darauf kommen, dass sich hier ein echtes Highlight verbirgt.

Der schmale Laden hält Süßigkeiten aller Art bereit. Bis unter die Decke reicht das Sortiment aus eigenen Kindheitserinnerungen, neuen Süßigkeiten und exotischen Importen, zum Beispiel aus Frankreich und Italien. Wer nicht schon vor der Kasse das Ausflugsbudget aufgebraucht hat, wird spätestens bei Trüffeln oder Fudge schwach. Oder bei den vielen Mitbringseln wie der Süßigkeitentorte in allen Größen und Varianten.

Zu einer passenden und individuellen Auswahl an losen Süßigkeiten helfen die beiden Besitzer, denn bei dem riesigen Sortiment ist schnell der Überblick verloren. So deutet die Kundschaft einfach auf das, was in der Tüte landen soll. Oder lässt sich beraten. Schon 30 Jahre betreiben Marion und Jürgen den Laden gemeinsam und haben hoffentlich auch nicht vor, so schnell damit aufzuhören. Denn der Zuckerladen lebt von der Atmosphäre, die die beiden schaffen – bis hin zu manch kleiner Überraschung und einem Würfelspiel zum Abschluss des Einkaufs. Kein langweiliges Bezahlen und gehen! Stattdessen wartet Jürgen mit dem Würfelbecher in der Hand darauf, mit Großen und Kleinen um einen Bonus zu spielen.

Adresse Heidelberger Zuckerladen, Plöck 52, 69117 Heidelberg // ÖPNV Bus 30, 31, 32, Haltestelle Peterskirche, von dort circa vier Minuten Fußweg // Öffnungszeiten Di–Fr 12–19 Uhr, Sa 11–17 Uhr // alle Altersstufen

TIPP: Ein anschließendes Bummeln durch den verkehrsberuhigten Teil der Plöck lässt Zeit zum Naschen und Entdecken weiterer kleiner Geschäfte.

111_ZUM ACHTER

Biergarten mit Selbstversorge-Erlaubnis

Beim Ausgehen mit Kindern gibt es vier Stadien: Im ersten sind die Kinder so klein, dass sie im Kinderwagen liegen. Ist der Besuch hervorragend getimt, sitzen die Eltern entspannt bei mehreren Gängen, unterhalten sich gepflegt und machen alle Umsitzenden herrlich neidisch auf das Familienglück. Ist er es nicht, essen sie hintereinander und tragen das schreiende Baby abwechselnd. Im zweiten Stadium krabbelt oder läuft der Nachwuchs energisch durchs Lokal, isst im Biergarten Steine und stürzt sich Treppen hinunter, während die Eltern sich fragen, wie lange die Küche WOHL NOCH für einen Teller Käsespätzle braucht. Im dritten Stadium gehen Eltern nur noch wider besseres Wissen essen. Die mittlerweile nicht mehr ganz kleinen Kinder beschäftigen sich kaum fünf Minuten mit den mitgebrachten Spielsachen, streiten sich lautstark und hassen alles Essen.
Bleibt das vierte Stadium, auf das wir alle hinarbeiten: Nun sind die Kinder wahre Engel. Wohlerzogen sitzen sie am Tisch, betreiben Konversation und loben alles, was kredenzt wird. Leider nicht bei den eigenen Eltern, sondern nur noch bei den Eltern ihrer Freunde.

Was für eine wohltuende Idee ist da ein Biergarten, der Selbstversorgung erlaubt! Ein Getränk im Biergarten des Restaurants Zum Achter nach einem Ausflug auf die Neckarwiese – und für das verwöhnte Volk wird einfach der Rest der Vesperdose ausgepackt. Das ist, solange etwas getrunken wird, vollkommen okay für die Betreiber des umwerfend gelegenen Restaurants. Und eine wahre Wohltat für Eltern.

TIPP: Das Restaurant selbst hat auch eine sehr leckere Speisekarte – für Stadium vier mehr als empfehlenswert.

Adresse Zum Achter, Neuenheimer Landstraße 3 a, 69120 Heidelberg // **ÖPNV** Straßenbahn 5, 23, Haltestelle Brückenstraße, danach etwa vier Minuten Fußweg // **Öffnungszeiten** Di–Fr ab 15 Uhr, Sa ab 14 Uhr, So und feiertags ab 12 Uhr. Nicht verwechseln: Im Biergarten ist mitgebrachtes Essen kein Problem, im Restaurant bitte nach Karte bestellen. // alle Altersstufen

1
Schwabenheimer Hof
Edingen
Dossenheim
Neckar
A656
A5
Handschuhsheim
Wieblingen
3
Neuenheim
Grenzhof
Hessenhöfe
Bergheim
HEIDELBERG
Bahnstadt
Eppelheim
Pfaffengrund
Plankstadt
Kirchheim
Hasenleiser
Neurott
N
Bruchhausen
0
600 m
Leimen
87
75
76
95
20
54
48
35
11
83
74
109
9
84
2
91
46
34
64
49
72
80
61
97

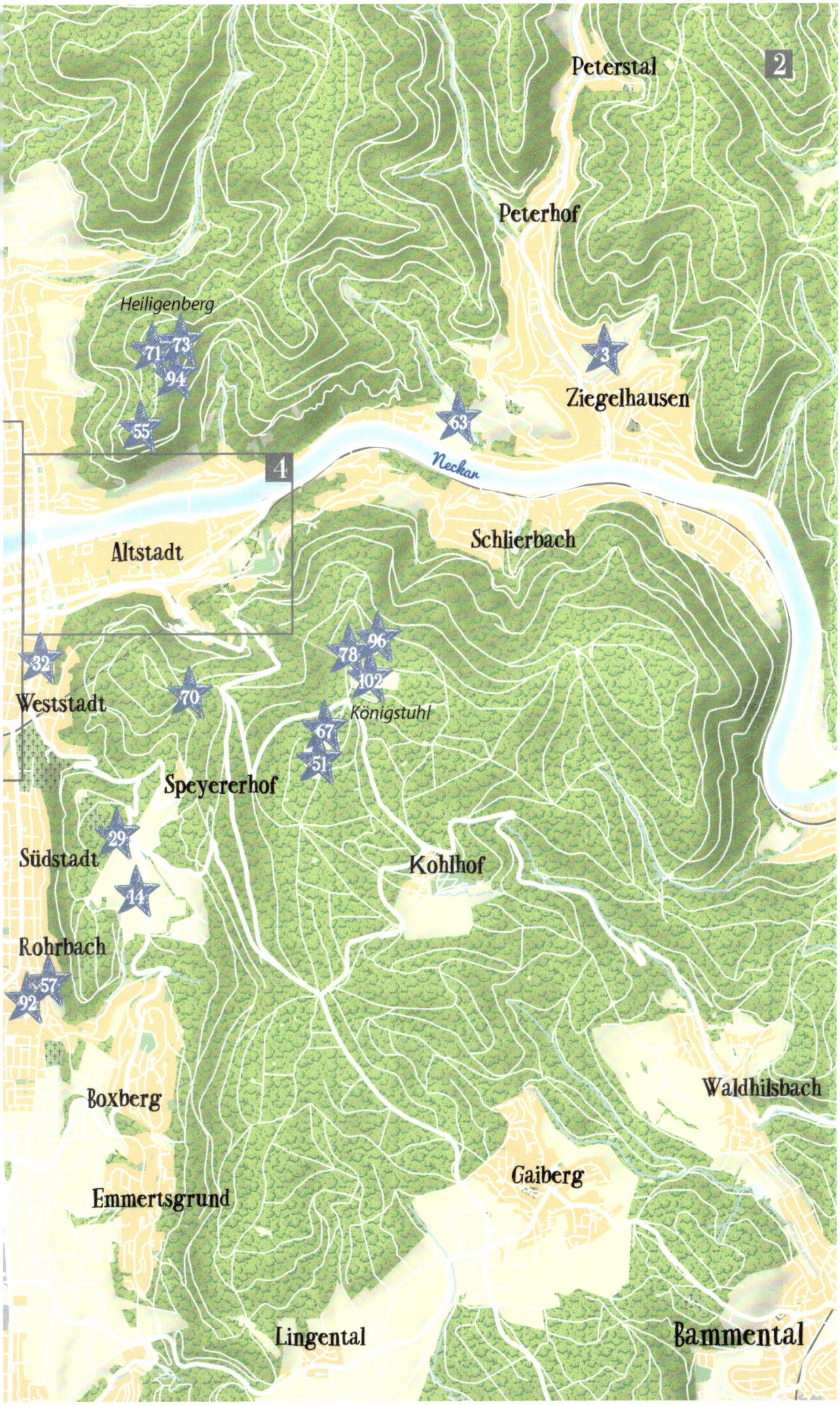
2
Peterstal
Peterhof
Heiligenberg
71
73
94
55
3
Ziegelhausen
63
Neckar
4
Altstadt
Schlierbach
96
78
102
32
Weststadt
70
Königstuhl
67
51
Speyererhof
29
Südstadt
Kohlhof
14
Rohrbach
57
92
Boxberg
Waldhilsbach
Gaiberg
Emmertsgrund
Lingental
Bammental

3

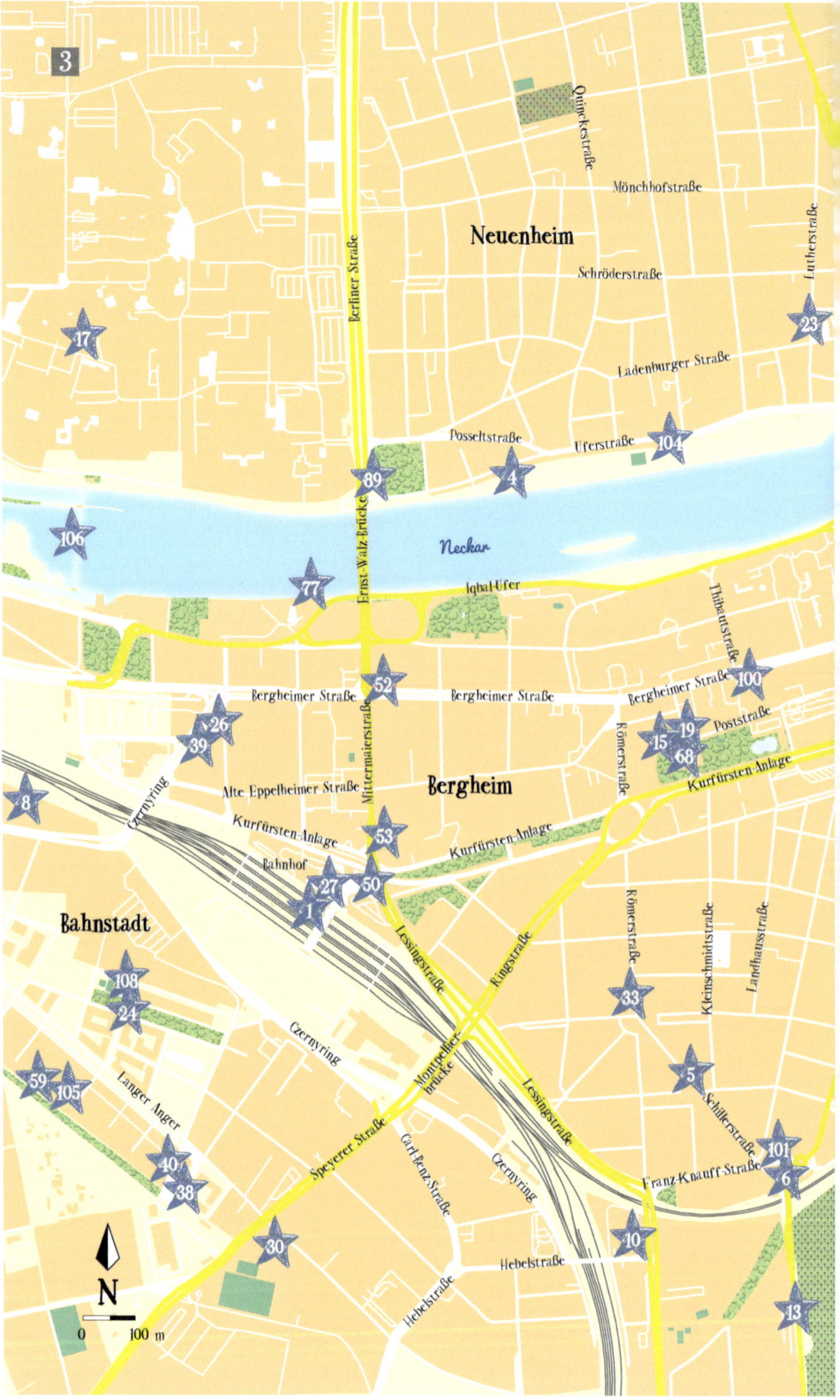
Neuenheim
Bergheim
Bahnstadt
Neckar
Quinckestraße
Mönchhofstraße
Schröderstraße
Lutherstraße
Berliner Straße
Ladenburger Straße
Posseltstraße
Uferstraße
Ernst-Walz-Brücke
Iqbal-Ufer
Thibautstraße
Bergheimer Straße
Poststraße
Mittermaierstraße
Römerstraße
Alte Eppelheimer Straße
Kurfürsten-Anlage
Czernyring
Bahnhof
Lessingstraße
Ringstraße
Kleinschmidtstraße
Landhausstraße
Montpellierbrücke
Schillerstraße
Franz-Knauff-Straße
Speyerer Straße
Carl-Benz-Straße
Langer Anger
Hebelstraße
N
0
100 m

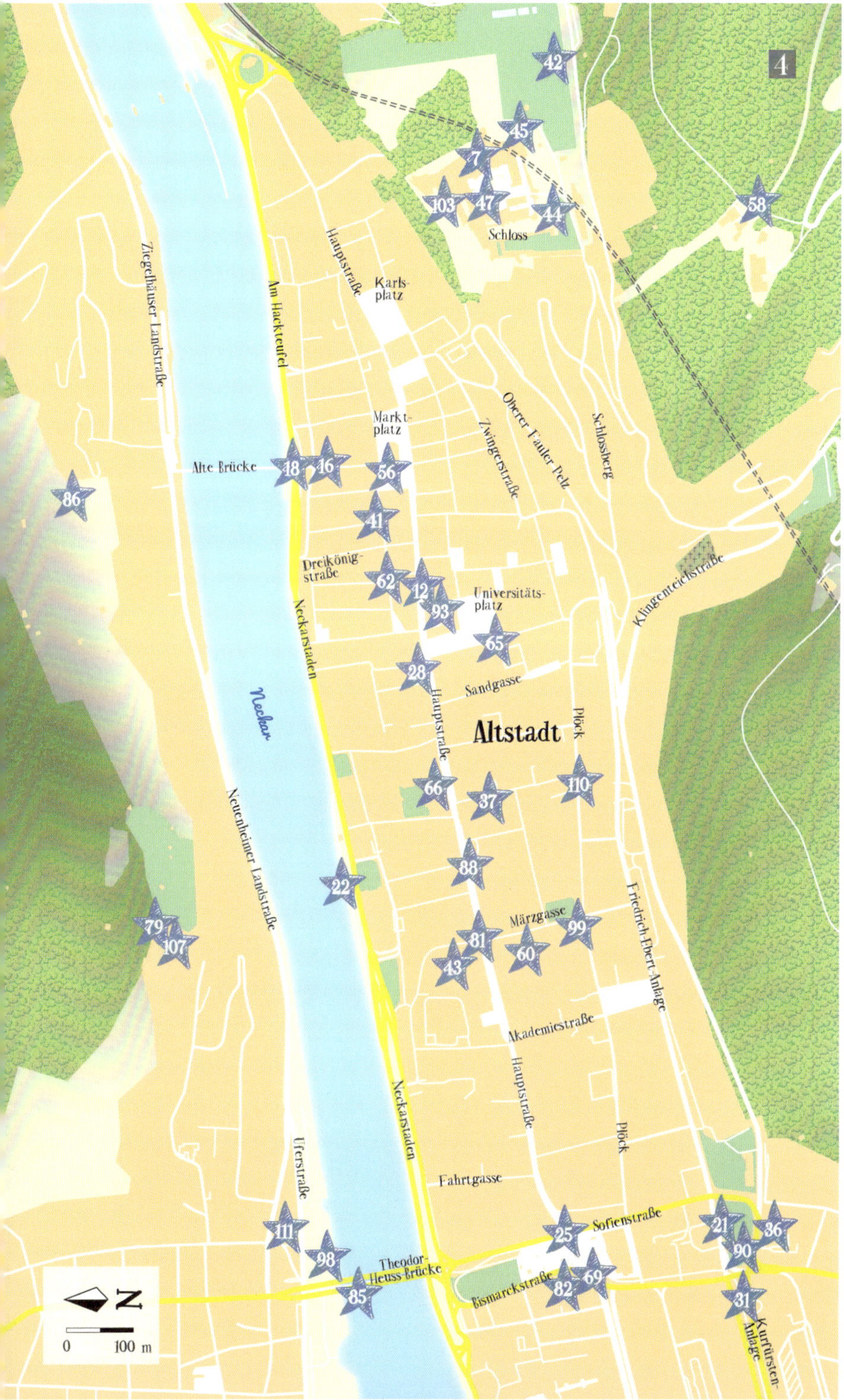
4
42
45
7
103
47
44
58
Schloss
Hauptstraße
Karls-
platz
Ziegelhäuser Landstraße
Am Hackteufel
Oberer Fauler Pelz
Zwingerstraße
Schlossberg
Markt-
platz
Alte Brücke
18
16
56
86
41
Dreikönig-
straße
62
12
93
Universitäts-
platz
Klingenteichstraße
65
28
Neckarstaden
Sandgasse
Neckar
Altstadt
Plöck
Hauptstraße
66
37
110
Neuenheimer Landstraße
88
22
Märzgasse
99
79
107
81
60
43
Friedrich-Ebert-Anlage
Akademiestraße
Hauptstraße
Neckarstaden
Plöck
Uferstraße
Fahrtgasse
111
25
Sofienstraße
21
36
90
98
Theodor-
Heuss-Brücke
85
Bismarckstraße
82
69
31
Kurfürsten-
Anlage
N
0
100 m

Sina Beerwald
111 Orte für Kinder auf Sylt, die man gesehen haben muss
ISBN 978-3-7408-0840-2

Alexandra Schlennstedt, Jost Schlennstedt
111 Orte für Kinder in und um Lübeck, die man gesehen haben muss
ISBN 978-3-7408-0845-7

Daniela Clément
111 Orte für Kinder in Hamburg, die man gesehen haben muss
ISBN 978-3-7408-0334-6

Katja Josteit
111 Orte für Kinder in Kiel, die man gesehen haben muss
ISBN 978-3-7408-0641-5

Anke Landleiter
111 Orte für Kinder in Nürnberg, die man gesehen haben muss
ISBN 978-3-7408-0852-5

Franziska Lô
111 Orte für Kinder in und um Stuttgart, die man gesehen haben muss
ISBN 978-3-7408-0655-2

Charlotte Mohs
111 Orte für Kinder in Mainz, die man gesehen haben muss
ISBN 978-3-7408-0665-1

Julia Tzschätzsch
111 Orte für Kinder in Frankfurt, die man gesehen haben muss
ISBN 978-3-7408-0686-6

Jenny Menzel
111 Orte für Kinder in Dresden, die man gesehen haben muss
ISBN 978-3-7408-0837-2

Priska Lachmann
111 Orte für Kinder in Leipzig, die man gesehen haben muss
ISBN 978-3-7408-0654-5

Isa Grütering, Natascha Korol, Theresia Koch
111 Orte für Kinder in Berlin, die man gesehen haben muss
ISBN 978-3-7408-0251-6

Bernadette Németh
111 Orte für Kinder in Wien, die man gesehen haben muss
ISBN 978-3-7408-0558-6